ISSUE LABEL

All *Vacation Loans* to be returned by the
FIRST SATURDAY of term

All *Term Loans* to be returned by the
LAST SATURDAY of term

VERÖFFENTLICHUNGEN
DER DEUTSCHEN AKADEMIE FÜR
SPRACHE UND DICHTUNG
DARMSTADT

ZWÖLFTE VERÖFFENTLICHUNG

HANS SCHIEBELHUTH

LYRISCHES VERMÄCHTNIS

Herausgegeben von Fritz Usinger

1957

VERLAG LAMBERT SCHNEIDER · HEIDELBERG / DARMSTADT

Eh noch das Nichts – und dies nicht – war,
War schon das All: doch grau und ungebar.
Da rief der Geist. Das blaue Weltenlicht ersprang
Im Riesenraum zu Sagen und Gesang.

Und als das Große Licht am Abend schied,
Rief abermals der Geist. Da sprang der Stern,
Und tausend andre Sterne wandten, weis bestellt,
Die Angesichter nach dem Sterne Welt.

Im Licht des Tags, beim klaren Schein der Nacht
Erschien der Mensch, und war sein Es bedacht.
Doch was ist Schöpfung? Seliges Verschwenden.
Im Menschen wollte sich der Geist vollenden.

Er rief zum dritten Mal, und ins Gesicht
Erschien Er selbst als Licht, als eitel Licht.
Dies glüht so still und stark und gibt sich hin,
Daß jeder »Licht« sagt, der nur sagt: »Ich bin«.

Urnächtige Finsternis.
Älter als anfangaltes, gott-tümlich Licht,
Eh noch Wechsel Gestalt ward als Tag und Nacht,
Eh noch Sonne sich nannte,
Eh noch Sterne entbrannten,
Wart ihr schon wesenhaft,
Bildsam Teil der Liebe, gezeugten Zeugen,
Spiegelung wart ihr
Des All-Einen, All-Seligen.

Nun, wenn meine Seele das Meerleuchten hat,
Mir Ahnung gewiß wird als Glückschein,
Breitenträchtig das Dunkel wohlig den Abglanz umschmiegt,
Find ich Euch wieder.

Wenn Spiel mir das Leben scheint, Steigen, Sinken,
Rausch, Traum –
Bin ich kaum noch Gespieltes,
Spieler bin ich,
Urlicht, Urdunkel trag ich zu Lehn,
Daß ich dem Meinen gleiche,
Dem ich vereint bin –

In meine Stunde schließ ich mich ein, mein Gehäus,
Ewiges Wesen,
Kenntlich, ein Bild.
Ich wahre die Stunde wohl, doch angstlos,
Denn wenn sie versiegt ist, golden, selig,
Brauch ich der Hausung nicht,
Gottnah, vergangen, in ihn, in ihr . . .

DIE STILLE

Wer hat den Wind davongejagt
Und sprach zur Stille: »Ergeh«?
Und als sie geschah und dalag wie Schnee,
Wer hat dann zur Stille »Steh still« gesagt?
Und wer hat mich zur halben Nacht
Geweckt und das Zaubergeleucht,
Die silbernen Stimmen, die goldenen Stimmen,
Des Träumenden Blut zum Schweigen gebracht,
Daß mich außer der Stille nichts deucht?

Sag, Stille, war ich's, der dich rief?
Ich weiß nur, ich schlief,
Aber Schlummer ist kein ganzer Schutz,
Kann sein, daß halbwach überallhin
Mein drängender, wähnender, schwärmender Sinn
Nach den Grenzen der Wachheit lief.
Kann sein, daß sich unter der Hülle karg,
Unterm dünnen Gewand, dem vernutzten Verputz,
In den Schächten der Ohnmacht tief,
Ein gefährlicher Aufruhr, ein heidnischer Arg
Versteckt hielt und dem Wissen verbarg.

Ich bin so aufgefangen,
Ich spür, wie mich die Stille trägt,
Auf Ammenarmen wiegt und wägt.
Alles ist in sie eingegangen.
Unschwer schweb ich, in Schwingen und Schwimmen,
Nicht mehr vom Un und vom Ur beblickt,
Nirgends ins Nun und Wie bestrickt,
Von allen Kräften der Stille beschickt,
Glüh ich ohne Verlangen.
Ob ich will oder ihr widerwill,
Die Stille beströmt mich und macht mich still.

VERKLÄRUNG

Du gehst aus einer Hirtenstunde fort,
Schwester des heiligen Franz, über sanfte Hügel
An der Lichtung lebst du des lauschigen Sommerabends,
Tiere um dich gelagert ins zarte Gras;
Du streichelst dem Milchhirsch den bläulich geschatteten Rücken,
Hätschelst ein Häschen, rostrot mit schneeweißem Bauch,
Und küßt es, trauliche Finken
Setzen sich zu dir und singen ihr Lied . . .
Auf einmal verklärt sich der Wald, es duften die Steine,
Säuseln die Farne, schwellen Moose,
Boden entschwebt dir, du schwingst . . .
Und Gott erfühlt dein Gesicht
Wie ein blinder Greis
Zitternder Hände der Enklin Züge ertastet.

Geglaubtes Glück, Triebziel im Spiel von Jahren,
Als zugefallner, als verdienter Segen
Verspürt, ersehnt, gewollt ob all den Wegen
Und all den Weiten, die wir träumend-wach befahren!

Ach, bist du uns denn ewig überlegen
Und lachst, wenn wir mit albernem Gebaren
Eitel enttäuscht dir doch noch Treue wahren,
Heil bei dir suchen, Hoffnung auf dich hegen?

Wir dachten oft, daß andere dich hätten,
Nicht ahnend, daß sie irr in ihren Betten
Nachts schlaflos an dir zweifeln und wie wir

– Gleichgültig, wie sie dich auch vorempfunden –
Erst lernen müssen in den ärgsten Stunden,
Daß du nichts bist, als unser Mut zu dir.

Die höchste, jene Liebe, die uns leitet,
Ist wie ein Kind, das einen Blinden führt
Und sagt: »Nun gehn wir heim, dort ist das Mahl bereitet,
Der Stuhl gerückt, das Feuer gut geschürt.«

Tappt anfangs auch der Fuß im Ungenauen,
Bald hat er Halt. Wie klar die Weisung klingt!
Wir schreiten frei und fest, ja federnd im Vertrauen,
Das aus der kleinen Hand in unsre dringt.

Und wir sind nicht mehr bang, uns anzustoßen,
Wandeln wie Träumende und spüren bloß:
Es rauscht. Ein Bach. Ein Baum. Es duftet. Heu und Rosen.
Die Sonne sinkt. Die Schatten wachsen groß.

Wir halten, atmen, fragen, ob's noch weit.
Es wehe kühler. Die Ermüdung drücke.
»Nein garnicht«, kommt's zurück, »ganz bald ist's an der Zeit.
Gleich biegt der Pfad ab bei der schmalen Brücke«.

Wir treten endlich in das alte Haus,
Wo unserm Tasten Tisch und Türknauf dingen.
Der Lampenvogel fliegt herein. Die Sterne singen.
Das zarte Stimmchen sagt: »Nun ruh dich aus!«

Es ist kein Laut mehr in der Frühe, und die Schöpfung schweigt.
Wo bist du, Gott? Getrau ich noch zu fragen?

Durch soviel Zweifel sehend hingegangen, nun im Glauben blind,
Durch soviel Fährnis sich mit Mut gewagt und nun am Ziel verdumpft,
Auf soviel Weg beredsam zugesellt, nun in der Bleibe stumm allein.

Wirf mir die Augen zu und schlage meine Zunge!
Nimm mir den Mut, daß auch nicht Raum für Bängnis bleibt,
Die Welten schütterten vor dir, das war Musik und Wahnsinn,
Du bist nicht Schweigen – Eins, das schweigt, hat einst
Geredet, eins das schweigt, muß einmal wieder
Sich selbst zerbrechen können, Laut und Rede sein.
Du bist die Stille, die nicht sterben kann . . .

Wie jenen Tod, den täglich stirbt,
Wer liebeswach ums Leben wirbt,
Als tiefsten Ton im Sammelklang,
So nimm den letzten Übergang:

Gedächtnis gib dem Wind, der groß
Vergißt und gleichviel schicksallos
Bewahrt und Urvergangnem eint,
Was wesentlich und weltwert scheint!

Den Leib vergoßnen Lichts, ihn laß
Die gute Erde haben, daß
Der Baum, den er mit Moder nährt,
Im Frühjahr schöner sich verklärt
Und Traumerinnern ihn ergreift,
Wenn Wind ihn blütenschüttelnd streift.

Im Anfang ist alles Wirrwald, wegloser Berg.
Wir erklettern das Felsendunkel,
Ungefaßt,
Und werfen den wilden Stein
Nach den Wespenschwärmen der Sterne –
Der Tag, unser Gott und Abgott, donnert herab
Mit Lawinen Licht –

In Mitten ist alles Flur. Unser Zelt glänzt am Bach,
Bei den Hürden, den Bienenkörben, der schwebenden Saat.
Wir betreuen das schlafende Jungkalb an der zitternden Flanke der
    Kuh,
Wenn der neue Gott, das Gewitter, den Himmel zerreißt, aufbrüllt
Um den Wipfel des Fruchtbaums –

Am Ende ist alles Garten. Der Zaun ist gesetzt.
Wir bereiten ein Fest für die kommende Nacht.
Wir schichten die Scheiter auf.
Wir bekränzen die Hütte. Wir haben
Die Honigkrüge ins Metfaß geleert.
Wir sind der Herzfreude voll, vielleicht auch ein wenig traurig.

Was tust du unten im Tal, im nachbarneidischen,
Wo in Pflasterritzen Zwietracht gesät ist,
Wo in Kellern Angst hockt,
Wo Mauer an Mauer die Fronfrohen wohnen,
Die am Lebenstrog fressen wie zahmes Vieh?
Weil du sie alle verachtest, verehren sie dich.
Du wendest dich aus der Gasse,
Du bückst dich vornüber und steigst
Mit dem Herzen, dem sternverwirrten.

Was tust du am halben Hang, im Wald psaltern,
Wo übers Geklipp Wildwasser stürmt und stürzt,
Wo im Traummoos der Nöck spielt
Eine Geige, töricht und süß ins rote Geräusch
Von Dickicht, Gebüsch und Gestrüpp?
Weil er dich sinnlos betört, folgst du ihm nicht.
Du entschlägst dich der Lockung,
Du richtest dein Haupt und steigst
Mit dem Herzen, dem schwermutbeladenen.

Was tust du oben am Berg, im Trutz gesteilten Gesteins,
Wo Phönixvögel zum Horst der Geheimnisse kreisen,
Wo Himmel zu nah ist,
Wo du nackt stehst am keuschen Schnee, Du böser Jäger
Hinter der Hinde, die ins Gefolg der Windsbraut gehört?
Schnell ist dein Lebensbogen gespannt, bald
Klirrt die Sehne Sehnsucht, bald
Schwirrt der Pfeil Schmerz,
Und ein getroffener Gott verblutet sich stumm.

Wo du wohnst, sind Himmel und Meer grau,
Regen und Wind dröhnen.
Eintönig fließt der Tag in die Nacht, die Nacht in den Tag.
Ein Dorf ist's am Ende der Welt.
Die Häusler sind Bruder Hund, Schwester Armut.
Wenn's düstert, kommen die Fischer und schlafen in ihren Hütten.
Alle hundert Jahre erscheint da einem ein Stern.
Der vergißt dann die Tür und die Not und tappt ins Dunkel.

Wo du wähnst, ist die Welt blau, die Sonne funkelt,
Mit Goldsternen klingelnd senkt sich die Nacht herab von den
    Schneekränzen der Berge.
Bei den Gelagen tanzt Lust, mit Panthern spielend geträumt.
Es ist eine Stadt im Tal Thule, mit Gästen,
Aus den Brunnen sprudelt der Wein, um die Teiche flackert die
    Liebe.
Das Tagwerk ist Lachen und Lied, der Schlaf dort ist sanft wie der
    Tod stillbärtiger Greise.
Alle hundert Jahr einmal wird da einem der Trunk schal.
Der stiehlt sich hinweg bei Neumond und vergißt sein Bett und die
    Ruh
Und verliert sich fern im Gebirg.

Wo du dich weißt, bist du allein, ein unsterblicher Stromer,
Zu Nirgend im Unland geboren, am Nimmertage des Jahres Null.
Du trägst die Galoschen des Glücks, die Pluderhosen der Sehnsucht,
    den Traumhut der Welterzlichkeit.
Das sind Fußlappen aus Lehm, der Schamschurz aus Weinlaub, die
    Krempe als Heiligenschein, einer Vogelscheuche geraubt.
Du trinkst und nennst deine Nase Riechhorn, deine Gurgel Ur-
    schlucht, deinen Bauch das Fäßlein der Danaiden,

Deine Namen wechseln: Mensch, Licht, Tinte, Äther, Ewiges Herz,
  Zeugende Kraft.
Du hast eine Laterne bei dir, die stellst du hinter dich und siehst zu,
  wie dein Schatten wächst.
Dann schaust du dir über die Schulter und wunderst dich, daß das
  Lämpchen nicht angeht.
Einsam bist du, du sehnst dich nach einem Gesellen.
Es ist dir unbekannt,
Daß niemand die Sonne bedauert, weil sie allein ist.

HERBST

I

Ein Herbstherz hab ich, drin todesbunt
Und feurig Geläub in Hägen und Rebgärten brennt,
Drin das Sterben sieghaft, schier übermächtig,
Toller, schöner, rauschender, ja, ein Gejaid
Die geduldige Güte des Lebens verfolgt und bedroht.
Aber die süßen Früchte sind reif um die goldne Stunde.
Beeren glühn auf im Strauch. Beladen beugt sich der Baum.
Und in Körner und Kerne beschließt sich innig der Keim
Künftigen Wachstums, ein heiliger Funke.
Die Trauben sind zeitig, von Sonnengluten durchsommert,
Von dunkel geläuterten Säften mildlich strotzend und prall
Im Geleucht. Und der Wein der Liebe beginnt sich in ihnen. Und nun,
Die Lese rüstend, wie entbiet ich dem Himmel Dank, wie
Find ich in Worte die Bitte: für mich eine
Demütige Hand, der ich hineingeh ernten,
Gnädiges Lächeln für dich, der ich mich dienend darbring?
Gut sollst du mir sein, mein Herbst gehört dir und mein Herz.

II

Nun nebeln sich tiefer ein, durch den Duft, durch den Dunst,
Die Au im Herbst und das melodische Tal.
Und der Regen vertrübt die Felder. Und im Waldgrund drunten
Modert und morscht und verwest das Verwelkte dahin.
Wie wenig bin ich dir dann, der ich südensüchtig
Zugvögeln nach über die Alpen sinne
Und mir zu Füßen die alte Stadt
Kaum noch erkenne: durch Schwaden den Fluß
Mit den Brücken, den Wall und das Wehr,
Dies Dach an Dach, und den dohlenumtummelten Turm,

Der ich so traurig bin,

Da nächtens schon meine schwarze Schwester, die Schwermut,

Mir naht und die Goldgebilde des Traums mir

Grau macht und Geheimnisse spillend verspinnt,

Und der süße Geselle des Lebens, der Tod, mein lachender Bruder,

Ums Dämmern alltäglich mir in Gestalten immer verwandelt begegnet?

Nicht mehr als ein Blatt – und vielleicht ist's das letzte –

Das der Zausewind, der Räuber, von dem Gestäb einer Hecke zerrt

Und davonträgt jauchzend so, als gehöre es von jeher ihm an,

Nicht mehr als das Stöhnen, vom Sturmgetös überdröhnt,

Eines armen Wilds, das in Fängen des Würgers zerfetzt,

Schuldlos geduldig, als wäre dies ein recht Los,

Dem Grausamen preisgegeben, ein Fraß,

Zu verenden. Nicht mehr.

III

Nicht mehr

Als meine eigne Klage, daß nun

In freudloser Frist du mir fern bist

Und durch Weh und Winter, getrennt von dir, von dir,

Unfreundlicher mir und härter die Tage geschehn,

Da bald nun der grimmstirnige Frostvogt

Sein zornrunig Gesicht zeigt,

Daß die Fluren erstarren, und in der eisigen Nacht überm Schnee

Am Himmel droben die Sterne drohen und Feuerruten,

Die den Menschen Verhängnis verheißen,

Und die Not übers Volk kommt, und der Harm

In die Stuben der Armen und Hunger.

Da dann alle Zäune gelückt sind und die Mauern

Schäden bekommen und die mühlich gedichteten

Dächer erweichen. Wenn das Vieh fällt im Stall und vor Kälte krachend

In Gärten die Bäume zerspellen und, furchtbarer als Feinde,

Die schlimmen Krankheiten wüten unter den Leuten im Land,
Daß tödlich hustend die graue Greisin umherhockt,
Und Kinder sterben, und der gebückte Mann stummduldend
Die Last seiner Jahre zu End trägt, der im Schlaf unter brestender
  Brust
Das Pickeln der Totengräber hört und den Jammer der Seinen
Und Qual hat, weil die Hunde heulen in Häusern.

NACHHERBSTLICHE ELEGIE

Das war einmal, daß im Schatten der Götterbäume,
Ein Knabe, ich saß und sagte: »Hier ist schön kühl,
Viel, daß der Bach vorbeiläuft, der Unaufhörliche,
Hummeln herum sind, und Vögel, die machen Musik,
Ruch aus dem Moos und ein sanftes
Wehn, das die Halme wiegt. O selige Schläfrigkeit du, o all
Ihr guten Gedanken, die ihr atmend versäumt zu umgeben
Der Seligen, Niebenahtenantlitz, die mir herzbange macht.«

Später ist alles anders, und wie nie wir's den Ältern geglaubt,
Doch das Schlimmste ist nicht das Erfahren
So, daß wir arm sind vor Königinnen
Und vor der Bettlerin dulden, hilflos, daß unsre Hand nicht hat, wes
    sie bedarf,
Und das Gefährlichste nicht, wenn das Beträumende ausläßt,
Da aus den leichten Banden Fessel wird, und was Sonne war, viel
Zu nah nun ein Licht ist, bei dem man den Abend im Alltag ver-
    schwatzt,
Und das Feindlichste nicht die Bedrohung,
So daß ein Doch ein Dolch ist, ein Aber Marter und ein Wenn Weg
    im Weh.

Denn die vorbeigeht und doch nicht aufhört, die Liebe,
Sie hat einen Herbst, sie, die uns jahrelang
Aufwärts gewandelt, die heilige bildende Kraft hat geschaffen in uns,
O, wie die große Natur nach der Blühzeit süßer und schwerer Ver-
    sommerung,
Wenn die Ernte all ist, sich in ein Besonnenes neigt,
In eine Sammlung sinkt, kaum zu sagen, in ein Beruhn,
So hat es uns Menschen auch, daß wir zu Zeiten
Müdlippig sind und ein karg Herz haben und einen Schlummer
Tief unter dem Frost in der kahlen Brache des Winters.

Frage mich nicht und dring mich nicht an, zu heiß –
Das war's, das sah ich, so ist es in mir, verzeih es, Geliebte,
Daß ich bedrückt bin, bekümmerten Himmels und schweigsam,
Und mein Herz, das maßlos gebrannt hat in seiner Öde, erschrak.
Ein Schauern nur war's in die Sicht, fühl es nicht feindlich,
Ein Frösteln, des Urtods Eisblick ist's, in deine Glückstunde.
Spürst du es nicht?

Leisleis deckt Schnee die Länder. Kälte knallt,
Und die Hungerfinger der armen Stauden zittern vor Frost.
Eisbärtig, ein griesgrämiger Bettler, trauert die Pumpe im Hof.
Seit Wochen sah ich den Zaun nicht, so sehr bin ich umschneit.

Sperlinge und Goldammern hören nicht auf, um die Tenne zu zanken.
In roten Hollerdolden kreisen die klugen Augenpünktchen der Meisen.
Nebelkrähen hacken am Spiegel des erblindeten Teichs,
Und in der Borkenstämme Riß späht hämmernd der Specht.

Schreiend pfeift durch gedämpfte Luft horstwärts der Weih.
Darbende Hasen nagen die bittre Rinde der Weidenruten.
Rehe finden ans Haus zu Heubüscheln, auf Astgabeln gesteckt.
Tückische Eisen mied der Marder und listige Fallen der Fuchs.

Wieder hör ich Sägsang und hallenden Axthieb der Häuer im Forst
Und seh in Schneisen huschen des Wilddiebs verwitternden Flausch,
Während der biedere Waldmann sein Tännlein heimträgt,
Damit seine pausbäckigen Kinderchen eine fröhliche Christnacht
    haben.

Gewohnt bin ich wohl, zu wohnen am einsamen Herd,
Und am Fenster die heiligen Stunden des wenig verweilenden Lichts.
Ich lasse den Blick nicht von den Futterplätzen der Vögel,
Der wintermüd ward vom weißen Wunder der Welt.

Mein Gedanke geht über den grenzenlosen Grauhimmel der alternden
    Menschheit,
Weit in die Heimat des Wendewinds, und fragt um Föhn,
Daß, Föhrenfeger, er komm, und fragt um Frühling,
Daß Lächeln des grimmstirnigen Frostvogts Zornrunen lösch.

Ich kenne nur noch Menschen in mir und entsinne Märchen geruhigt,
Die mir einst eine zahnlose Amme gesagt.
Meiner Vorvordern Leben fühl ich und mein eignes in mir:
Einfach bin ich und ernst, denn ich habe ein langsam Herz.

Du singst noch immer, Silbergesporter, über die Parkette
Und lächelst, Abgott aus der Damen Dämmerstunden,
Ein Vielbeschenkter der vertrauten Tees:
Zu hellen Händen, viel zu schmalem Schuh,
Schläfe und Wang der immer blonden Fraun.
Du gehst durch unsre Straßen, still und schlank,
Gewohnter im Gewoge, fast zu einsam, doch erfreut
Am Klang der Gärten, Lichterglanz und Lädentand.

Du warst kein Sanfter; doch du warst zu leicht,
Du spieltest immer, wo das Leben spielte, ahnungslos,
Und so zerbrach es dich, der keinen Falter brach . . .
Sprach ich nicht einst zu dir, als uns nach heißem Ritt
Des Dorfkrugs Schatten kühl zur Einkehr lud:
Wer nie zerbricht, der wird zerbrochen werden,
Wer nie das Dumpfe trägt, den wird es einst erdrücken,
Wer nie Gebirge baut, dem wird das Tal zum Tod?

Ich kann nicht trauern um dein fern und einsam Grab,
Armselig Holzkreuz auf zerwühlter Erde, der ich weiß:
Dein ist der Himmel mit den singenden Kokotten,
Den Blumenfeldern Hollands, Mozartmelodien,
Der Weisheit Asiens und dem Tanz der Südseekinder.
Du kannst mit Gottes Englein Tennis spielen,
Auf Wolkenschiffen segeln, mit dem Zephir reiten,
Mit Sternen plaudern – und vielleicht in goldnen Stunden
Mir Irdischem zu neuem Leben schenken
Hölzernen Heiland und die Heiligen zu Gent.

Manchmal kommen aus Schluchten zu Tal die riesigen, rußigen Holz-
knechte der gottalten Berge,
Packen im Tanztrubel des Kirmeßtages eine derbe Dirn und schleifen
sie fort in den Wald zu den Meilern.
Manchmal, an grauen Küsten steigt aus Fähren bärtiges Seevolk an
Land und bewehrt,
Stürmt in die Häfen, sengt, brennt, plündert die Stadt, erschlägt Män-
ner, Kinder und Greise und verschleppt die Frauen aufs Meer.

Manchmal tanzen aus verhangenen Nischen hervor beschwingend be-
schwingte Putten und streun in den Saal
Blumen von Frohsinn, Versonnensein, Sehnsucht und Traum, golden,
dunkel und blau.
Wieder sind Rehe, scheu und schüchtern, die abends am Rand des
Erlenwalds grasen
Und bei raschelndem Laut in stilles Gehege enthetzen, hurtig und
flink.

Aber oft sind der Liebenden Blicke beschämte Bettler und senken
sich stumm . . .
Der Wind – oh, der zärtliche Zymbelwind, der in Fliedersträuchern
geflüstert – streift ihre Stirnen leis,
Denn der Liebenden Stirnen sind geneigt übers Glück, überdacht von
Düften, fahrtfremd dieser Welt, himmelumwölkt, kußschwer von
süßesten Dingen,
Reifer als die goldenen Mondmelonen im Kobalt der kalabrischen
Nacht.

O holder Herr, Du, in Schmerzen der Demut
Liebeblutend am hölzernen Schaft,
Wie süß hast Du uns, wie
Alterslos aus dem Anfang
Die Sonne gehoben, eine Orgel
Mit goldnem Geroll und Posaunen
Auf die Landschaft, die unvertrübt
Von Bäumen tönt
In der Straßen Ordnung,
Weithin in den zarten Wald
Über wiegenliedlichen Hügel,
Über die Au hin voll Wind und Geblüm
Und an das silberngelaunte Wasser,
Dem freundlich die Dörfer ans Ufer gespielt sind,
Darüber die Ferienvögel der Kinder fliegen,
Beschreibend das liebe Gewölk und
Den blauen Plan mit heiterm Gestrichel.
O gib ihnen, den Kindern, die sie aufwachsen,
Ein ernster Geschlecht neben der Elternzeit,
Den vielverstümmelten und befangenen wohl,
Gib ihnen, o Heiland,
Eine selige Frist zu bereiten und eine reinere Welt,
Wo Leiden nicht ungerecht macht
Und nur die Versöhnten richten,
Und die Gnade Deiner ewigen Liebe lächelnd
Lächelnd, lächelnd
Rosen über der Völker Pfade streut.

BEDROHUNG

Todahnend geh ich, ein unschuldig Waidtier,
Und immer bangend, Schwermut,
Daß mich dein feiger Pfeil
Aus verräterisch wisperndem Schilf trifft
Oder wändlings des Hohlwegs aus bösem Gebüsch
Oder herab aus der Wanderwolk.
Und gewiß bin ich, Wahnsinn,
Daß dein Wolfsrudel, das gierig schiebende,
Dem mein zerstückelt Herz
Nicht Fraßes genug war,
Mich wieder anfällt, bis fliehend ich endlich,
Den Rücken vom Weltbaum gedeckt,
Mich verzweifelnd erwehre,
Und, Qual, dir hilflos verraten, Furchtbare,
Wachen Bewußtseins,
Dein Schwert bis ans Heft durch die Brust, tödlich,
Und schlief ich, dunkel in Traumjagden
Hinter fliehendem Bild,
Dolche des Peiners stachelnd im Blick.

O Ruh, liebreiche Mutter, komm,
Friedenschenkende, gib deine Klarheit
Dem gefolterten Sinn, träufle des Abendbalsams
Labende Tropfen ins brennende Blut,
Beschwicht' die verworrene Seele,
Lös die geschlagene Zung, daß von niemals-fiebernder Lippe
Wieder das heilsame Wort quillt und der Segen,
Und mit kühligen Händen glätte
Die zerrissene Stirn, und zeig dem verstörten Blick
Das Himmelszeichen der Hoffnung, das gütige,
Still-lächelnd.

O halt ihn mit dem Aug,
Halt ihn: wenn dieser Stern herunterfällt,
Dröhnt dumpf ein Erdjahrtausend
Den ungeheuren Sturz ins Ungewisse nach.
Nichts mehr hat Recht zu leben, alles ödet,
Wird unwahr und verwelkt, und alles Wachstum
Ist wie umsonst und lügt
Dem Wandel des verwirkten Menschen,
Und Verwesung und der Wurm
Höhlen das Stammholz des Erkenntnisbaums, daß er,
Gewitters Blitze fangend, zersplittert und verbrennt,
Und Rauch die düstre Erde deckt.

Dann will ich nicht mehr leben, jedes Tun
Ist tuchtlos, jedes Singen
Ist sinnlos, jeder Blick
Wird blind, und
Aus zeitloser Heimat vertrieben, sich
In den eisgrauen Abgrund der Ewigkeit stürzend, entleiben
Die lichtgestalteten Götter sich.

Als ich jung war, standen die Glutaugen melancholischer Mädchen
    am Zaun,
Aus Geranienfenstern rief der Gespielin Blondzopf mir nach,
Meine Straße hieß Gold und Sonne. Aus allen Bechern des Lebens
    trank ich die Welt.
Nachtungen kannte ich nicht. Gott geschah allzeit in mir.

Elixiere der Erdköstlichkeit genoß ich und in Seligkeiten nach Sehn-
    sucht die Sehnsucht.
Unsäglich schwang ich über mich hin, verschwenderisch verschwelgt,
    der ich reich war, gereckt
Ins kühne Blau der Sommertage, Aug und Antlitz wolkenwärts . . .
Wie glitt ich in mich zurück nun, arm vor mir selbst, klein neben
    andern.

In ruhigen Rhythmen raunt an mein Haus Meer, das mich nicht trägt,
Mein Lenz rinnt leis hinunter in der Regentage Trommeltrübsaltakt.
Dem Sternsturz der Nacht entgegen setz ich den Fuß. Mein Tritt ist
    hohl,
Dumpf wie Grabschollen, wie Palasttamburine, dumpfer als ein To-
    tengong.

Entlaubt bin ich, Baum, schwarzästig Gestäng, drin Sturm harft.
Verweht mein Blatt-an-Blatt, rauschender Lieder Heimat.
Beraubter Bettler, schwimm ich grau im Nebel aller Asterfrühe,
Beschämt, daß Herbst so schmerzt, umhärmt, vergreist, vergreint.

Schrein kann ich nicht. Meine Stimme barst. Meine Kehle schnürt
    Gram.
Rufen kann ich nicht. Mein Atem stockt. Meine Knie wanken.
Ich zerwühle mein Herz. Mein Lachen ist grausam und roh,
Als könnt ich aller Menschen Glück wie Glas zu Scherben lachen.

Blind bin ich vor Traurigkeit. Meine gestorbenen Augen weinen um
mich.
Rabvögel, die zum Anger stießen, trugen meine hellen Sehnsuchts-
blumen fort.
Meine Stadt finstert. Ich will mich ans Fenster setzen.
Kann sein, ein tröstlicher Traumfalter streift gesellig meine glühende
Stirn.

Ich schlug mir die Schwurhand ab, daß meine Worte nicht Gott
lästern,
Nie mehr wird Gutgeschick Stufen niederkommen, mich Armen auf-
heben.
Vielleicht findet einmal ein Morgen, der golden in Gärten einzieht,
Mich zwischen Teichen tot, den schmalen Dolch in der Brust.

NACHTTAG

Manchmal,
Wenn die Hüterhirten schlafen,
Die Tiere am Hang
Im Schlummer liegen, und heilig,
Ja segnende Wolk,
Das Dunkel hängt über Berg und Berg,
Wandern wir lang im Herzen von Nachtland
Den Pfad in Himmelssorge, ineinander verloren die Hände,
Inwendigen Leibs und das Antlitz innen,
Drin Augen uns aufblühn, Blumen aus Mondblau,
Von Sternen, zärtlichen Faltern geküßt.
Alsdann
Schwimmt wehmut-weinend Perlmuttermond
Pfadlings voran, und Mohn
Wiegt lohrot am Weg die Windfahn.
Danach aber
Heißt Morgen lächelnd, wissend das Wunder,
Tragen und Traum,
Die rote Kugelkette der Sehnsucht,
Sonnt Sanftmut seltsam den Tag.

FREUNDLICHER KNECHT DES LEBENS

Wie still du gehst,
Freundlicher Knecht des Lebens,
Durch die todschönen Tage des Reisemonds.
Und wie verschwiegen trägst du
Dein lastend Los
Auf bescheidenen Schultern.
So hirtlich bist du,
Träumend über den Lämmerheiden des Himmels.
An deinem Stab das Schäferschüppchen blinkt.
Wie schön bist du
Mit deiner guten Stirn,
Wahrlich ein Liebender,
Der über den Tod dient.
Ja, du mußt leis sein,
Goldlicht scheint deinem Scheitel
Tröstlich segnend,
Nun du heimtreibst, Einsamer,
In fremde Dörfer zur Nachsommerzeit.
Ja, du darfst lächeln,
Gott ging sanft in dich ein.

STROM LIEBE

Du bist der Liebe Geist,
Der in mir aus seiner Bewegtheit
Tosend in großer Geregtheit
Weltwärts sich Stromwege reißt,
Daß ich in barer Beglückung
Wahnwach vor wahrer Verzückung
Singselig aussage, du seist,
Daß ich von Gefühlen gefürstet,
Auch wenn der Erkennende dürstet,
Nichts weiß, was dich anders beweist.
Denn kanns der Verstand nicht verstehen,
Muß das Auge das Seiende sehen,
Und der Mund muß sagen, was heißt.
So erfahr ich an mir dein Gesetz
Im gnadenhaft quellenden Fließen
Und kann dich nicht fester umschließen,
Niemals fang ich dein Fließen
In Worte als in ein Netz.
Denn naht ich dir auch mit dem Becher,
Unweis, ein Durstiger ich,
Wohl wär ich ein fröhlicher Zecher,
Doch tränk ich nur von dir, nicht dich,
Und lauschte ich rastend am Ufer,
Vorsichtig im rauschenden Ried
Ein Gerufner, kann sein auch ein Rufer,
Ich vernähm nicht dich, nur dein Lied.
Das lockte aus Au und Gestaden,
Denn ich hab dich nur, daß du hast,
Sich in deinen Fluten zu baden,
Sich zu deinem Wesen zu Gast,
Denn ich fühle ja nur und wo du fühlst,

Wenn du mich liebend und leibend,
Versunkenem, Trunkenem treibend
Mich ganz deinem Zielzug Geschenkten,
Nicht Denkenden, einfach Gelenkten
Führend fortwährend umspülst.
So belaß ich mich, bleibend in Blindnis,
Gewillt deiner Wildnis und Lindnis,
Anvertraut deiner heiligen Glut.
So schwimm ich, bin dein Geselle,
Nimm mich in deine Welle,
Trag mich sanft, trag mich schnelle,
Trag mich, Strom, trag mich gut.

Wenn ich dich sehen könnte, allerholdestes Licht,
Wenn du mich umspieltest
Wie Inseln, denen das mächtige Meer
Festlich die blühende Hüfte umfängt ...
Hinabgerückt war die Sonn,
Und mit Klagen verhalten sehnt'
Sich mein Sinn aus den Feiern der Dämmerung.

Behütet sein ist das Süßeste. Mir
Geschah, was dem sanften Korn,
Dem kaum entkeimten, unterm Schnee im Winter geschieht:
Es lebt, es atmet, hat Teil an diesem Glück.
Gutes unter dem Schirm der Nacht,
Segen und Zehrung du mir warst.
Und nun, vom Genius beflügelt,
Dem Morgen entgegen, sternwärts, weltwärts,
Fahr ich. Hoffnung
Fliegt mir, ein Reiter, voran.

IM TRAUMSCHEIN

Im Traumschein verklärtester Abende rührt
Nun nicht mehr, wenn ich den Flurzug tu, die Landschaft mit Reizen
    mich an.
Aber das Wesen der Bäume schwingt mit mir,
Und ich weiß den Geist der Äcker geheim,
Und die Berge beschweigen mich ernster.

Und hellfühlig bin ich vom Geist, der das Wachstum der Äcker treibt.
Auch frag ich mich nicht mehr, wie groß oder klein er sei,
Der Vogel, der im Verborgenen tönt, ob er grau oder feurig befiedert,
Ob er Glutvogel ist oder ein armer Spatz.

Ich weiß um die Dinge im Dunkeln.
Es fließt ein Friede in mir, ein Nichtmehr-Erstauntsein, ein unbegreif-
liches Licht.
Ich weiß mich verbunden, nicht mehr von außen geregt.
Ich harre nicht mehr der Stunden, ich bewege aus dem Geheimen,
Versunken bin ich; aus Augen der Tiefe beblickt,
Weiß ich mich selber allteilhaft in der im Urgrund geruhigten Welt.

Nun singt oft leis im verschlungenen Laubgewind,
Im immergrünen, über der Mauer, die die ältesten Eltern gebaut,
Der, den ich traumher kenne, der Vogel, den ich nie sah,
Auch jenseits der Augen nicht, der, den ich erwarte . . .

Nun rauscht oft sanft auf das moosbezogene Dach,
Das traute – wer dem die Ziegel gelegt, war schon beim Sagen ver-
 gessen –
Der, den ich im Schlaf oft vermeinte am Klang, der Regen, der nie
 geschah,
Auch in der wahreren Wachheit nicht, der, nach dem mich so dürstet.

Nun tönt oft seltsam im zauberberauschten Raum
Der Behausung – wer da die Fugen geführt, ist von jeher verschollen –
Das, das ich oft andächtig wähnte, das schöne Wesen der Welt,
Das immer mir wahr schien.

Schwer, schwer gelingt mir mein Leben, und allzuselten nur
Zwingt sich ein Zug meines Wesens dem Bild des Unendlichen nach,
Und nicht immer freut mich die Mühsal,
Und oft klag ich es, daß mir nicht gesetzt ist,
Wie einer Blume Blume
So selbstverständlich ein Mensch zu sein.

Gern, gern ja will ich mich entfalten und dem Geist Gestalt sein,
Wie aber soll ich's vollbringen, wie stell ich mich dar,
Wie rück ich mich ein in das Gefüge des ständig wechselnden
Tausendverschlungenen Erd-Daseins,
Wo das Ewige unendlich erscheint und das Unsterbliche sterblich?

Und gestalt ich mich dunkler auch, als es der Weisheit gerecht ist,
Und stell ich mich hilfloser dar im Gegebnen, als es doch not wär,
Und bezieh mich nur schleppend ein in die Verschlingung,
Und rück ich meist Ratlosigkeit mir in das Gefüge
Des sich ständig verschiebenden irdischen Daseins,
Und bin ich auch scheu, unmitteilsam und den Freund selbst meidend,
Warte, warte, warnt da mein Sinn:
Einst werd ich mich freihin erschließen, heller erstehn,
Höher, fröhlicher tönen und bruderwissend umarmen,
Denn trifft nur ein Hauch mich der allmächtigen Güte
Und scheint nur ein Strahl der allerleuchtenden Gnade mich an,
Dann atme ich Liebe, und meine Seele ist ganz durchsüßt.

DIE FREUDE

Wenn alles Bittre gesagt ist, kommt,
Die nicht fragt, eine Fremde, die Freude,
Wie Licht ins traumlose Gras,
Goldspeer durch Grünspeer – unfaßbar,
Da Strahl und Halm nicht erzittern –
Dringt sie
Verwandelnd ins Wesen.

Ein Andrer stehst du am Fenster und denkst,
Es schlafen noch Viele unterm Wasen,
Die sollen kommen
Unsäglich mit süßen Nächten –

Und ein Garten erscheint in Grenzen.
Drin geht sie, die Mutter,
Das Leben selber,
Selig schauend mit ihrem Sohn.
Sie lächelt und ruft einen Brunnen,
Der aufschießt in schönem Schwung.

Das Kind aber
Spielt mit dem Schatten Versteck
Und knickt –
Der schöne Knabe Tod –
Jauchzend
Die Sonnenblume.

Wenn die Parze das Haupt senkt,
Fällt vielleicht eine Träne
Fernwo für mich
Oder ein Wunsch steigt sternwärts,
Der mich gemeint hat,
Oder irgendein Zeichen geschieht,
Ein andres,
Das nach mir deutet:
Ich aber bin außer Bereich, verfahren
Im Niemals-Allda
Und begreife nicht.

Oh, Oh, ich wandre in viel Nacht
Unwissend und unverständig,
Doch eines ist mir gewiß,
Daß einem Menschen nichts anders geschehen kann
Als Gott:
Der ist immer allda –
Und die Parze ist nicht da –
So hält sich mein Wesen helle,
Und ich fahre gar wohl.
Und manchmal nur, wenn die Nacht mich in Haft hält,
Träumt sich mein töricht Herz einen alten Traum
Von der Schicksale webenden Schwester,
Und dann neigt sich auch meine Stirn
In ein süß eigen Leid,
Wenn die Parze das Haupt senkt.

Nachts,
Wenn ich weder schlafe noch wach bin,
Kommt an mein Bett eine fremd-bekannte Gestalt,
Beugt sich zu mir, flüstert:
»Ich bin ein Märchen, das schallt im Volk,
Ich bin eine Sage, uralt wie Himmel und Meer,
Ich bin der Glaube an ein geschöpflich Glück,
Den nie eine Axt verwundet,
Ich bin ein Geheimnis, das unerkannt läuft von Blut zu Blut,
Ich bin die Liebe, die an das Dasein gebundene Liebe,
Steh auf, mach mich wahr, erlöse mich!« –

Ich trete aus meiner Türe.
Es ist Nachmitternacht,
Auf meinem Balkon scheint die Sonne
Deutlicher, als je eine Sonne mir schien,
Und ich grüße die Sonne, grüße den Mond,
Grüße jedes Gestirn,
Ich verneige mich vor der Erde –
Und es schlägt tausend Uhr.
Ich steige zaghaft die Treppe hinab in den schwellenden Hof,
Ich gehe durch ein Geländer in einen blühenden Garten –
Dunkelwissend, dies sei das Paradies –
Ich beuge mich tief über den Rand eines tönenden Brunnens
Und tauche ein in die goldene Flut
Ewigkeit.

MEIN PARADIES

Ich will in die Einsamkeit gehen, weit von den andern weg,
Und im Herzen der Erde leben, befreundet mit Pflanze und Tier,
Dort, wo Wachstum und Wesen unschuldig dämmern.
Denn ein Wasser zwingt sich den Weg wohl und fällt über Felsen,
Und ein Baum kann sich bäumen und seine Äste entfalten,
Aber der Mensch hemmt des Menschen Wuchs.

Ich will in die Wirklichkeit gehen, tief, tief in mich hinein,
Dort birgt sich mein Paradies, dort will ich mich allversammeln
Unter dem Baum des Lebens und lauschen, wie meine Quellen
    springen,
Wie sich in der Hingabestille der gütigen Nacht die Gewebe durch-
    saften.

Oh, nun wird Frühling!
Meine Gedanken sind schwärmende Waldbienen, die kommen
Berauscht von der Blust und bauen am Baum ihr Geweb.
Ich will in meine Heimat gehen, denn eine Stimme sagt mir,
Nichts so sehr wie die Heimat sei dem fühlenden Menschen süß.

BITTE

Laß mich – wir sind nicht des Ufers –
Heute,
Wenn's spät ist,
Im Boot mit dir liegend
Ins Dunkel
Treiben.
Ich möchte nur dies noch.
Wer bespricht und beschweigt denn das Nichts?
Schlafdiebe sind die Gedanken,
Und schmerzlich wirr wird
Das Feld der Gefühle,
Wenn der Trost tot ist.
Kalt ist die Nacht, und Wandergewölk
Verhängt des Himmels
Raumlose Tiefe
Und die silberne Frage des Monds.
Und ungefaßt fährt,
Als wüßte sie um die ersterbende Glut,
Die Erde dahin im Klang ihrer Wälder
Mit anderen unstäten Sternen.
Still! Still!
Ach, vielleicht aber ist
Das Einhalten
Des Atems schon ein Verrat
Am fliehenden Leben,
Drin wir mit Trauer und Freude
Vorübergehn wie Regen und Wind
Und die Wasser
Des meerwärts ziehenden Stroms.

ELEGIE

I

Wohin ist er gegangen, der Strahlende, der uns die Kraft gab,
Kraft gab, auch als wir schon das Lauern des Abschieds empfanden?
Wohin entschwunden? Das Feld ist fahl, und es hat ja
Die Nacht ihm nachgeweint den dumpfen Tau ins Gras.
Nun sind wir geschlagen, traurig, müd, ohne Bestätigung.
O, nun sind wir allein!

Vielleicht ist noch ein Hauch in der Luft
Des Atems, der unsre Stunde leichter, verzückter trug,
Der Hall eines Wortes von seinem blühenden Mund.
Aber selbst die Erinnerung ist nur ein Stachel.
Sie sagt: Er ist dagewesen, hat mit uns gelacht,
Wein getrunken – und nun weilt er woanders.

Auf den Gartenterrassen des Todesgotts
Wohnen wir alle, die wir bald sterben.
Wir singen und sagen täglich davon, daß wir bald
Einmal wiedergeboren werden, aber die Heimkehr auch
Ist uns ein ewiger Schmerz.

II

In den Weingeländen des guten Vergessens
Ist da noch Hoffnung für mich?
Die Süße der Wanderschaft kenn ich, sie beruht in der Suche nach dir.
Die Qual der Verbannung empfind ich, sie spürt die verlorne Heimat,
So wie ein Jäger auf dem Felspfad des Hochgebirgs
Eine Adlerfeder findet, die sagt,
Der verschollene Vogel, er sei noch allhier.

Viele sterben wunderlos und ohne Verlangen.

Das Sein ist traurig. Heiterkeit
Kennt nur die Gegenwart. Und
Das Ewige zuckt nur wie ein Blitz
In Sekunden. Tausend Tage sind tot
Und bezahlen das Glück der großen Empfindung
Ins liebe Licht und das gute Dunkel Gottes.

III

Das Meer ist leer, und der Strand ist öde, und der
Schnöde Tag verglomm in die graue Nacht.
Und ich weiß nicht, ist da ein Wind, ist da
Ein Weinen im Wind und ob dieses Weinen
Mich meint, denn
Schlaf und Vergessen und Trauer, die dunklen
Halbgeschwister des Todes,
Rühren mich an, und ich denk des Freundes, den ich
Nun nie wieder seh.

Ein Schatten Tod fällt ins Leben
Und am grellsten ins Glück,
Und auch, wenn du es nicht weißt,
Ist doch ein Bruderschluchzen im Wind,
Und das Meer ist nicht fröhlich,
Und Berge, wenngleich verklärt,
Müssen Schatten tragen
Von Wolken der Wehmut.

O alle Schönheit ist nur gestundet,
Und auch der beste schenkt
Nur allzuoft,
Um dess' ledig zu sein,
Und nicht zu des Andern Heil.

Und hinter den Augen der Blumen ist Angst,
Daß sich das Gras nicht mehr richte.

Wir sind alle wie Reiter im Regen,
Wortlos, befangen von einem verhangenen Ziel.
Wir kommen durch neblige Wälder, da schlägt uns das nasse Gebüsch
    ins Gesicht,
Wir kommen durch träumende Dörfer; wenn unser Hufschlag schallt,
Treten die Häusler ans Fenster, wenden den Kopf in der Stalltür,
Und ihrer Neugier zeigt es, daß wir vorbei sind.

Wir sind auch wie Ausgesetzte auf einem lieblosen Eiland,
Aufgegebne, Totgesagte, verschlagene Mannschaft von einem geschei-
    terten Schiff.
Wir schicken uns in das Los,
Wenig bedürftig und reich in unsrem Genügen,
Und rechnen mit keiner Rettung.

Wenn nach Jahrzehnten ein Schiff vor der Scholle anlegt,
Sind wir verschollen: Zwei von uns grad vielleicht
Beim Fischfang mit hilflosem Kahn ertrunken,
Ein andrer ist auf der Jagd gestürzt,
Und der letzte wohl ist allein, hungrig,
Am Wissen wahnsinnig der Einsamkeit
Im Fieber gestorben.
Die Fremden finden unseren Schlupf, die verfallene Herdstatt,
Das Eisen, die Keule, die uns gedient,
Und am Strandfels lesen sie ungerührt unsre schönen unsterblichen
    Namen ...

Wir sind auch wie Verschworene in festlicher großer Gesellschaft,
Wir begleiten aufmerksam freundlich das Hin und Her der Gespräche,
Wir mischen uns nicht in das Getrieb,
Wir schalten uns auch nicht aus,

Wir bedeuten die Mitte, unser Maß hält die Feier.
Am Blitzen des Blicks aus der Wimper,
An einem weise verhaltenen Lächeln,
An einer bedächtig kühlen Wendung der Hand
Erkennen wir unsre Gefährten.

HEIMKEHR

Als ich heimkam, fand ich
Die Luft anders als ich gedacht.
Ich entsann mich an Menschen und Dinge, die standen nun anders
im Bild –

Ein wortlos Weh – der Himmel senkte
Ein Silber ohne Schwermut auf den See.
Der Wald tönte nicht von den Wundern Merlins.

Versumpft war der Brunnen.
Unkraut war fett im Garten.
Eine zerbrochene Äolsharfe fand ich im Schutt.

Kann sein, wenn das Traumhorn erschallt,
Wird es mich wieder in Urminne rufen –
Ich werde weiter ins Wasser sehn –

EINST UND NUN

Denkt dir noch
Aus den Tagen wortreicher Jugend
Der kühle Wind
Unsres Aufbruchmorgens
Auf träumrisch-bewegter See
Und unsrer heißen Wangen?
Mit reinen Segeln setzten wir
Dem dunkelsten Fernruf des Lebens nach –

Wie blaß der Himmel nun, wie welk
Der Wind, wie fahl und träge!
Ach, und die Göttinnen,
Die auf dem Regenbogen schritten im Tanz,
Stürzen herab
Auf den vor Entsetzen erstarrten Spiegel des Meers
Und zerbrechen
Wie beinernes Spielzeug.

Sind wir nicht Friedlose? Alle
Qualvoll Verstrickte? Alle
In Welten aus Wahrschein und Wahn,
Und suchen wir nicht
Im Schatten unformbarer Engel,
Im Schauer der Rückschau erkannter?
Ach, und wer unter uns
War anders behaust als Eugen und Ben
Und hat Herbes und Süßes,
Schwere und Aufschwung, tapfre
Untilgbare Liebe
Nicht genau so gespürt?
Und wer unter uns hat nicht bei den Seinen
Das bittere Brot des Fremdlings gegessen,
Im Bruder den Schützer vielleicht,
Doch den Engel nicht wahrend,
Nach sich selber verlangt?

O kühle mich, du Sternenlicht!
Mir blüht der Frühling ins Gesicht.
Der Quellgrund klingt, der Nachtwind schwingt,
Die Knosp erspringt, das Laub ausdringt.
Ich will dem Hell begegnen und –
Mir stirbt das Lachen auf dem Mund.

Ich komm beseligt vom Gelag.
Die Nacht ist spät. Bald bricht der Tag.
Der Garten liegt im Sternenlicht,
Mir blüht der Frühling ins Gesicht.

Da geht ihr Sterne hin und denkt,
Daß euch ein Überwille lenkt,
Der klar Gesetz und Weg bestimmt,
Die euer Leib im Äther nimmt,
Schicksale tragend und Entscheid.
Nun bangt mir, daß ihr Irrstern' seid,
Vom Wahn entlaßne, hell entsetzt,
Im Leeren laufend bis zuletzt.

Da stehst du Strauch, dem jeder Trieb
Schießt an und hat die Erde lieb,
An der er, Zehrling, saugend klaubt.
Wie zärtlich bist du ausgelaubt!
Die Luft umbuhlt dein junges Blatt,
Er trinkt und badet, reckt sich glatt,
Und sein befreiter Geist erquillt,
Der Saft, die Kraft, davon er schwillt.

Geschlossen sind die Knospen noch
Der Blüte, und schon spürt sich doch,

Wie sie im Hauthaus sitzt und spitzt
Und wartet, daß es sprießt und blitzt.

O Welt, o Zeit, wie faß und fang
Ich mich im Auf- und Niedergang,
Der ich so sehr in all dem bin!
Wo komm ich her? Wo geh ich hin?
Ich gehe schwer. Die Welt ist leer.
Mich friert. Ich kenn mich selbst nicht mehr.

Laß deine Einsamkeit nicht stumm sein. Sehr
Bedrückt mich meine. Ich war doch bereit
Und meine Lippen Gärten, jedes Beet
Voll Blumen. Und die sind nun leer.

Fremd bin ich allem: Menschen und Stern und Vieh,
Gespenst wird alles,
Weltloser Wind weht, er taut Frühling her.
Wie bin ich überwach, von Schlaf und Schwäche schwer.

Laß deine Einsamkeit nicht stumm sein, sprich
Zur Ohnmacht: »Löse dich«, zum Banne: »Brich!«

Was bauen wir Häuser aus schwerem Stein
Und tragen alles, was uns teuer scheint, hinein?
Und hegen es und halten es so wert,
Als wär es jener Fund, den wir begehrt?

Wir sind so wenig auf der Welt.
Was unser ist, ist kaum ein Haus.
Wir gehn hinein, wir gehn heraus,
Und wenn der Traum uns in den liebsten Banden hält,
Lischt eines Nachts am Herd das Feuer aus.

BEWEGTES RUHN

Weitbewegtes rundes Ruhn,
Wir ins Wesen Eingewobne
Sind Erlöste, sind Erhobne
Durch ein hingegebnes Tun.

Gehn auf leichten, leisen Schuhn,
Lächeln, haben helle Hände,
Blühn im Sinn der Liebe-Sende.
Weitbewegtes rundes Ruhn.

MEIN KLEINER GARTEN

Mein kleiner Garten ist mauerumzogen,
Über Nacht ist der Frühling hereingeflogen,
Zwar nicht durch die Tür, die ist immer zu.
Nun schwellen die Knospen an winkenden Ranken.

Bienen und Hummeln in reinem Vereine
Besummen die selige huldende Ruh,
Feuerbrüstige Vögel, kleine,
Sitzen im Laub und lachen dazu.

Wind hat mit Lächeln und Locken und Lieben
Am Wachstum sein seliges Wesen getrieben.
Nun kann man zwischen Tagen und Nachten
Die Gaben der guten Gastschaft betrachten.

Ewig ist alles, es wär denn das Schöne nicht,
Ewig ist nichts, es wär denn, der weltlose Wind sei heiter –
Wisse, wer klirrend einbricht, wird bald wieder hinbrechen.
Was schlicht anhebt aber,
Hat lange teil am weiten Gesamt. Selbstlos
Gewährt es sich an die Gestalt,
Kennt Aufgang, Untergang, Übergang
Und verwindet die dumpfe Dauer.

FELDSTEIG

Den Hang hinan, den versunknen Feldsteig geh ich gern,
Morgens, die eine ewige Stund zwischen Frührauch und Licht.
Getönt ist mit duftigen Wolken von Mohn
Und Zichorien und Raden und Labkraut der Rain.
Bald sind auch die Brombeeren blau.

Oh, die Erd' hier ist gut wie Erde woanders
Für eine Hütte oder ein Grab.
Viel weht wunderbunt mit Verlangen und Leben beladen
Der fernensüchtige Wind
Über schweifende Hügel
Traulich in die Wiege des Tals, behütet
Träumen festliche Dörfer.
Im Tann taumelt der Bach.

Meine Freunde, die Vaganten, die wunderbaren,
Ziehn im Wald und blasen eine blaue Melodie.

O ihr, meine Freunde, kommt, Wolken!
Ich ging hinaus in den Tag, ich grüßt euch unter der Sonne.
Ich ging hinaus in die Nacht, ich grüßt euch unterm Gestirn.
Ich habe immer den Weg gewußt und bin ihn gegangen heim am
    Morgen und am Abend,
Und nun bin ich müd und weiß keinen Weg,
Und die Ruhe fand mich nicht.
Und ihr fehlt mir zu Rat.
Im Steigen und Sinken sah ich den Sinn, im Hinauf und Hinab
Und im Wandel voller Verwandlung
Und im stets versetzten Gesicht, geformt aus einziger Kraft.
Denn es hat ja die Liebe kein andres Gesetz als sich selbst,
Und ich bin niemals erschrocken an der Vergänglichkeit aller Gestalt.

Aber wie ist es mir nun bange in diesem Mittag,
Der keinem Abend vorausläuft,
In diesem Sommer, der keinen Herbst im Schoß trägt,
In dieser steinernen Heiterkeit, in der die Horen still stehn.
In dieser toten, ewigen Klarheit, in der einst Götter vergingen,
Rufe ich leis, mutverzehrt, ihr Wolken, nach euch!

Rauschend, rauschend, im Frühling der Allbegeistung,
Wolken, ihr, meine Fahrtbrüder,
Wolken, ihr, meine himmelverschwärmten Schwestern,
Schwebende, lebende, bebende, in Vielgestalt ihr,
Wolken,
Spielgesellen eines noch Flüchtigeren,
Des Windes.
Oh, ihr glücklich Unstäten!
Oh, ihr selig Vergänglichen!
Wolken, Wolken, nehmt mich unter euch auf!
Ja, unter euch, denn nun,
Ihr Reingeborenen,
Eintagskinder des ewig schöpfrischen Meers,
Ist mir eine Zeit hereingebrochen
Der süßen Verwildrung,
Der alle Begrenzungen tilgenden Liebe.

Indessen du ganz still dasitzest
Und nur dieses besinnst,
Du wollest nie wieder Wege gehn, die dir Sorgen verdüstern,
Fällt ein himmlisches Licht ins dunkle Maß deiner Stunde.
Das ist ein blaues Geschnell, wie es aufquillt und quiwwert.
Liebend schickst du dich an,
Dein Glück im starken Geist des Gebets zu umhegen.

Siehe, mein Freund, der Mond, dein Freund in der Nacht, ist golden
    gekommen.
Heiter und friedlich, freudig in sicherem Wandel,
Rührt er dich allmutig an.

O du schöner, fliegender Tag!
Der Sonnenvogel schwebt über das Meer, über die Länder.
Trunken dehnt sich das Leben aus ins neue Licht,
Rauschvoll erwacht es in ausgelaubten, liederliebenden Wäldern.
Aus friedlichen Dörfern geht der Landmann zum heiligen Dienst an
    der Flur.
Die Städte beginnen wie Bienenkörbe geschäftig zu dröhnen.
Leichter fahren die Schiffe, umspielt von der Morgenbrise.

O du schöner, fliegender Tag!
Jung soll ich werden, in deinen Schauern gebadet,
Glaubensfreudig geweckt zum stillen Amt an der Welt,
Lebensmutig von ihren steigenden Kräften gedrängt.
O gib mir die Liebe, gib mir den Sinn eines Glücks,
Daß mir in verwirrender Fülle, in der Enge des Tuns, die Form des
    Ziels,
In der unendlichen Allheit, vor der Weite des großen Geschehens, die
    weise Begrenzung nicht fehle!

MORGENGANG

Marienreine Lüfte,
Wie ist die Welt geweitet und durchsüßt!
Die Sonnenpfeile schnellen in noch nachtbedräute Klüfte,
Auflacht im Licht der taubetriefte Wuchs der Bergeshüfte,
Es bläst der Wind, der kühlend mich ins Antlitz grüßt.

Noch braut in Schluchten kraus ein Nebelwogen,
Noch klaubt am Schroffenklamm ein Wölkchen, das sich wehrt.
Umsonst! Wie bald sind alle Dünste aufgezehrt,
Da die Gestalt, die sie umzogen und umflogen,
Zur Klarheit drängt, zur Heiterkeit begehrt.

Das Blau der schweren Schatten und am Firmament –
O wie es sich vertieft und auf sich selbst besinnt –
Das ausgeruhte Grün, wie es sich voneinander trennt,
Und wie das Grau der Felsen Kraft gewinnt,
Wenn es der Strahlen Sturzbach überrennt!

Die hellen Weiler, an des breitgestuften Anstiegs Nische
Ins Baumversteck gerückt und drunten in das Tal gedrängt,
Und oben hoch die Hirtenhütten, grau, der Steile abgezwängt,
O wie ihr Lebenslaut erwacht in diese träumerische
Stille der pfirsich-samtnen Frühe und der Frische!

O jubeljunge Wanderlust, die ihr, o ernstere Zypressen,
Nicht teilt, und ihr, o stattlich schirmgekrönte Pinien, nicht!
Zum Gipfel hab ich noch ein kleines Stück zu messen,
Dann will ich diese straßen-ab verlorne Bergwelt nicht vergessen,
Wenn auch mir schier vor neuem Augenglück das Herze bricht,

Denn dann, sich mir im Blickrund weitend, rein,
Umrauscht, umraunt, umrahmt vom Hang, bebaut mit Öl und Wein,
Wird mir ein Blau beginnen durch der Gärten Dünung,
Die Wege aller Freiheit, Mutter der Erkühnung:
Das Meer, das Meer, der Fernensehnsucht Spiegel wird es sein.

Wälder am Abend haben einen Klang
Aus Rausch und Traum und Sonnenuntergang.
Den Tausendsäulensaal der Silberstämme
Durchtaumeln schräg die Schäfte goldnen Glasts.
Es flirrt und girrt und schwirrt vom Vogelsang.
Ein grünes Feuer packt die Kronenkämme
Der Buchen an, da lodert's wild und praßt's
Und stirbt jäh ab, verflackerndes Geflämme.
Dann schmettern auch die Vögel nicht mehr lang.
Ein Tauber noch – wo lockt er? – surrt und ruckst.
Das Laubdach dichtet sich und wölbt sich groß
Ins Dämmern, und die Biegung jedes Asts
Fügt sich gefaßter in die Schwebebogen.
Ein Widerschein kommt noch – woher? – geflogen,
Lischt aus. Wohin? Die Hallen schallen bang.
Die Mücken sirren ins gelausche Moos,
Und ein verstecktes Bächlein schlurrt und gluckst.
Die Falter falten ihre Flügel sanft
Und ruhen selig auf versparten Blumen . . .

Morgens haben die Ufer ein Lächeln wie Frauen im Traum.
Die seidnen Schleier zerreißen,
Das Gestade löst sich genau,
Das Meer weitet sich in die Sicht, blau, blank, unendlich.
Über den Kamm der Gebirge kommt die heilige Pilgerin Sonne,
Betet ernst-leis einen uralten Psalm,
Sie, die Junge,
Stillwandelnd, erhaben.
Ins Tal singt der grüne Tag.

Fischer und Schiffer, nun heiße die Fahrt euch wohl!
Wach mit sicheren Segeln
Vom seligen Wind
In die Arme geführt der ewig Geliebten,
Der Braut, der Vermählten, der Mutter, der See!
Den Segen send ich euch nach,
Träumerisch, weisheitstrunken,
Lieg ich am Ufer
Liebend.
Mein Auge labt aus dunklem Hain der Orangen golden prangende
 Frucht,
Das Silberrauschen des Ölhangs.
Die Luft umspürt mich, das Licht liebkost mich mit blütenfarbenem
 Flaum,
Blumen erschließen sich mir,
Zaubergeschwätzige Vögel, kleine, kluge,
Sitzen im Laubgestäng,
Lachen.

O wie liebe ich dich, meine Erde, segentriefende, mütterlich trächtige,
    Garten der Menschheit,
Gütige Scholl', die du dich jedem schenkst,
Und dich, mein träumrisch verzücktes, mein immer bewegtes Meer,
Weil du in den Tiefen uns fruchtbar bist und keusch,
Seit die Göttin der Liebe und Schönheit deinen Fluten entstieg,
Du Heimat der Helden und Erkühnungen.

Und dich, mein Himmel, alleinsegnender, eherngefestigtes Gewölb
    des Schöpfergedankens,
Und euch, meine Wolken, die ihr im Glücklichen schifft,
Gebilde der ewig in Wollust von Zeugung dampfenden Erde,
Jungfräulich geborene Kinder des reinen Meeres, Schwestern der
    Windsbraut,
Ich hebe mich unter euch.

Wie wenig bin ich hinieden, kaum daß mir Lorbeer die Braue schattet,
Oder mit Pinien der sich selbst eigne Hain
Mir genugtuend rauscht, und kein Ölbaum ist mein auf den Feldern.
Und in den blühwilligen Fluren rast ich, ein Fremdling, nur kurz.
Es treibt mein Herz auf die Gipfel, da sieht es sich um.

Denn was soll ich hier tun? Das Schwert vergrub ich,
Und meiner Väter Schiffe sind alle verbrannt,
Und ihr Werkzeug ward unnütz, ihre Pflüge zerbrachen,
Und mit der Hut eines Hirten zu gehen, fehlt mir die Anmut,
Und in den trocknen Tempeln zu reden, tauge ich nicht.

Als ich ein Bub war, neckte ich gern den Stier,
Im Wipfel der Eiche saß ich zuhöchst und sang laut.
Ich schlug meine albernen Lehrer und lief, die Stimmen der Vögel
    zu lernen,

Raufen und Pfeilschießen war meine Freude, ich durchschwamm die
    Strudel der Flüsse,
Ich hatte ein glückhaft Lachen im Antlitz, das Behagen des Raubtiers
    im Nacken,
Ich war meiner Glieder sicher, ein Großsohn der Kraft.

Als ich ein Jüngling war, übt ich's, mit Feuer zu spielen,
Ich warf's wie Fackeln den Zaudernden zu.
Die mögen vergessen, die ich gebrannt hab, wie ich es vergaß,
Daß die Jagd nicht mehr mein ist und ein Recht,
Sterne wie Schmetterlinge zu fangen.

Denn ich bin viel in Keltern gesessen seitdem und habe mich selber
    beweint,
Weil ich Menschen nicht lieben kann, wie sie sind, klein, feig, gemein
Und selbst im Schlaf noch eiternd von Eigennutz im Schmutz ihrer
    Begierde.
Sie haben aus Gott den Götzen gemacht, und den selbst schwatzen
    sie tot.
Und das Heil und die Heiligkeit sind längst zu den Tieren und Pflan-
    zen gegangen.
Denn die Weisheit sitzt nicht gern auf dem Stuhl des Verstands.

JEDE NACHT

Ob ich nah bin oder fern,
Jede Nacht –
Sei sie düster, sei sie Stern-bei-Stern,
Stiehlt mein Herz sich fort und gibt sich still in deines.
Jede Nacht, jede,
Ach, auch wenn ich es sacht
Zu bleiben berede,
Schenkt es sich gern
Ganz in dich ein.

Wär die Lieb ein kleines
Sich Mühn ums Glück,
Braucht sie nicht so heimlich zu sein . . .
Und wär's ein leicht Stück
Für dich, zwei Herzen zu tragen,
Wie hätt' ich tags drauf dann ein Herz zurück
Und müßt' fragen,
Ob's deines, ob's meines?

Zwischen mir und dir hat
Aus unseren Ursprüngen reich
Meerweit
Das Lächeln Leben.
Zwischen uns und Gott liegt,
In Leid nie zu vernichten,
Die Welt.

Einst, als ich im Paradies ging,
Trug ich dich in mir noch
Wohl: Die Ros hieß ich hauchen,
Zum Quell sprach ich: Spring!
Auch rief ich das Reh.
Dich aber wußte ich nicht zu bannen
Aus Schau und Geträum.

Später hat dich ein Größerer aus mir erzeugt
Nach meinen Bildern,
Als ich unmächtig war
In schmerzlichem Schlaf.
Als ich dann aufwachte,
War's nicht mehr weh.

Weit sind Wege
Von Wesen zu nehmen,
Von der Trennung die Fährten zur Findung.
O so verworren,
Weil es dem Sein gesetzt ist,
Sich ewig verwandelnd zu spielen
Unter den immer schadhaftern
Dächern der Zeit.

Du aber geschahst
Durch alle Geburten
Mir zu.

Und nun hab ich dich
Heimgenommen
Ans Herz,
Denn du fandest den Schlupf,
Wie ein Vögelchen,
Geängstigt in den großen Gewittern der Liebe.

Und nun darf ich mich in die Täler legen
Mit der siebenröhrigen Flöte
Und landgehn, wo mir ein fruchtbares ist,
Und bergwärts durch Ginster und blühend Gedörn
In die Windwelt.
Vielgut ist's
Und Lächeln: Du bist.

Die du mir heilig bist,
Botin, süße,
Aus einem freieren
Lichtvollern Land,
Fremd meiner dunklen Heimat,
Sterngefeite, nüchtern-trunkene, himmelsglutigen Auges,
Sieh mich, sieh du mich an,
Die du mich göttisch verwandelnd
Der Erde verwandt machst.
Du, durch die das Glaubliche
Einmal ewig geschieht,
Wie durch dich in den Kräften der Tiefe ergriffen
Das Geschehen das Kreisende wieder
In die Stunde des Ursprungs rückt.
Du stillste Stille, unendlich schweifend begreifend!
Sieh nun, sieh du nun an,
Wo die Verschleierung zog,
Es ist eine Wolke geworden, groß
Des Segens.
Wo die sinkende Stadt war,
Steigt aus zerbrochenen Mauern der Baum, ein Gerüst
Des Tuns.
Wo ein Funk' war,
Loht ein gewaltiges Feuer
Der Liebe.
Wo eine Blum' war,
Blüht nun und grünt ein ganzer seliger
Frühling des Glücks.

AUF WOLKEN KOMM ICH...

Auf Wolken komm ich, ein Träumender,
Liebste, ich komm im Traum,
Ein sich glühend-selig Versäumender,
Wahnwandler in diesem Raum.

Du Wunschbild und Wahrheit, ich streichle dich,
Umarm dich – du bist mir gewährt.
Umatme, umflüstre, umschmeichle mich,
Vom Verlangen verklärt.

Ich ahne, was, Lächelnde, Lauschende,
Dich froh macht, dir frommt,
Da blühfüllig nun der berauschende
Frühling der Heimat kommt.

Mai, der kühn im liebkosenden
Kundewind Künste verspricht,
So jäh, daß das Herz in dem tosenden
Schwall der Entfaltung bricht.

GLÜCK UND DANK

Ich stelle einen Engel an dein Bett,
Um dir zu sagen, wenn du heut erwachst,
Daß ich dich liebe über alles Maß,
Und daß in dir mir – nur in dir – das eine
Ewige Antlitz fest und faßbar wird,
Das große Bild, vor dem ich dienend knie,
Drin Welt und Erd und Leben und mein Traum
Von diesen sich allgöttlich, menschlich, heiter
Und sonderlich versammelt hat: ein Licht,
Das ich nur, vielfach wissend, widerscheine.
Daß du dies bist, dazu wünsch ich dir Glück
Und dank dir's still mit jedem Atemzug.
Zwar wünsch ich Glück zum Glück, zwar Dank zum Dank,
Denn Dank ist alles, was wir heilig denken,
Und Glück scheint mir vor allem andern doch:
Mehr als der Zufall einer Füllestunde
Und Lust am eignen sternbestimmten Los.

FIEDERFUSS UND MUNTERMUND

Liebste, seit ich alle Tage
Fiederfuß mich zu dir trage,
Leiblich-leicht mich zu dir wage,
Tönt die Brust mir: Orgelbraus,
Muntermund mich zu dir sage,

Willst du nun, daß wir im Flor stehn –
Mai ist's – ein zu mir durchs Tor gehn,
Du bist nimmer ausgesperrt,
Doch du mußt, es anzunehmen,
Wie es ist, dich hier bequemen,
Hör drum, heut ist Hauskonzert.

Groß der Chor von kleinen Stimmen,
Lautenschimmer, Flötenschwimmen,
Geigenschwirren, Brummbaßschrein,
Hornton, Schimmerschellenschall:
Bau ich dir aus Hall die Halle,
Unsrer Lust das Sommerhaus.

LIEBLOB

Mit dir ist der Sommer gekommen, so der heitere heißt,
Mit dem Tag der Lachtauben, hinter Malvenzäunen aus Morgenrot –
Und Nächten, zaubrisch bebildert, weil die Sternensaat, vom März-
   sturm gestreut,
Die Kuppel hinanwuchs, in Rosetten von Gold ins blaue Email ge-
   schmiegt,
Traumwollend, traumträg, traumselig gefaßt in den silberbegürteten
   Schlaf.

Dies ist ein Lieblob von Herz zu Herz. Wann fing es an? Wie stieg
   es auf?
Im junggrünen Wald, über Primeln und Anemonen und spitzem Gras
Hat der Kuckuck gerufen. Die Äpfel reckten die Blust übern Straßen-
   saum,
Denn dies ist ein Tal, von Jean Paul gesagt, süddeutsch und freundlich,
Mit Erlen am Bach, dem rauschigen Mühlwehr und dem hellen Fach-
   werk der Häuser.

Wir waten im Wiesenschaumkraut nackt hinüber zum Bad.

Die Lust ruft. Mein Herz schwingt in mein Blut, meines in deines.
   Alles ist Glücksal,
Wenn du gewährst, alles Sehnsucht, wenn du verzichtest.
Wären mir alle Glieder gebunden, mein Atem umarmte dich doch,
   den blumenscheinigen Leib,
Und wäre an mir zu wünschen, wünscht ich dies: daß du
Die Füße deiner Mutter küßtest, abschiedlich, und mit mir ausgingst
   aus der Zeit
Durch eine Tür, die du nicht kennst, in die glückstummen Stunden.

Ich bring dir eine Ruh, nun aller Zwist
Sich löst bis in die unterste Verspannung.
Hier weilt in Süße seligste Verbannung,
Das wahre Währende zu froher Frist.

Du wolltest jedem Für ein Wider wissen,
Zu jeder Form die Fülle, die sie sprengt.
Nun wirst du freudig jede Wallung missen.
Sieh, aller Raum ist dein, uneingeengt.

Einst waren alle, die du kanntest, Götter.
Sie täuschten dich, du brachtest sie zu Fall
Und littest, warst der Spöttischste der Spötter.
Sieh, sie sind Schlacke, Erz nicht, noch Metall.

Ich bring dir eine Ruh. Als Zuflucht oder Bleibe.
Hier darfst du ganz berauscht sein oder nüchtern,
Bewirkte Rede oder stille Schreibe,
Darin du dich bereitest still und schüchtern.

Du bist drin und ich bin draus.
Ja, so ist's. Auf Blumenpfaden
Kam ich lächelnd eingeladen
Vor dein sternbehütet Haus.
Und mehr Lieb als Lied dir bringend,
Lad ich zärtlich, zärtlich singend
Dich zu mir heraus.

Oder so: In meinem Garten
Bist du Gast, mich zu erwarten,
Und ich habe meines Baus
Tür und Fenster aufgesperrt.
Horch, mein Herz hat Hauskonzert,
Golden tönt's heraus.

FRAG NICHT, HERZ

Frag nicht, Herz, da ungenau
Alle Antwort bleibt und fern.
Wo du wohnst, ist Schemenschau,
Wo du wähnst, sind Meer und Himmel grau,
Irrlicht glimmt, kein Stern.

Selbst die Stille summt im Rund,
Wolke zieht um dein Gesicht,
Wachstum rauscht auf dunklem Grund,
Urnachtbrunnen dröhnen, deren Mund
Kundtut, doch nicht spricht,

Ein Gewitter wunderbar,
Das aus irrem Ort
Aufbricht und hinwegreißt, was da war,
Laut hieß, niemals Wort.

Wache, Herz, und frage uns.
Wo du wähnst,
Wo du wohnst, ist stille Flur,
Einfach Namen tragend, Traum und Spur,
Die du gern begehst.

KINDER-GEDICHTE

I

Geht ein Schlaf durch die Stadt,
Schenkt den Kindern Träume.
Wo abends nichts gestanden hat,
Stehn am Morgen Bäume.

Eh man sich's versieht und glaubt,
Blühn sie und sind angelaubt,
Eh man es noch fassen kann,
Hängen goldne Äpfel dran.

Wind, nun komm und blas!
Da plumpsen die Äpfel ins Gras.
Nimm mein Kind und iß,
Dann schläfst du gewiß.

II

Was bringt die Zeit den Kindern all?
Das Jettchen kriegt ein Kettchen,
Mit einem feinen Ührchen dran.
Das Lorchen kriegt ein Mohrchen,
Das zappelt wie ein Hampelmann.
Der Peter kriegt 'ne Feder,
Damit er fleißig schreiben kann.
Das Lenchen kriegt ein Puppenhaus
Mit lauter Rauch zum Schornstein 'raus.
Der Paul kriegt einen Schaukelgaul
Mit einem goldnen Zaum im Maul.
's Mariechen kriegt ein Kämmchen,
Ein Lämmchen,

'ne Kuh und drei Paar Schuh.
Das bringt die Zeit den Kindern all
Und den Mut dazu.

Was bringt die Zeit den Kindern all?
Dem Franz 'ne Mühl samt Wasserfall,
Dem Hannjer einen Pferdestall
Und sieben schöne Schimmel,
Das Ännchen kriegt ein Ringelein
Mit einem echten Edelstein,
Blitzeblau wie der Himmel.
Das Fritzchen kriegt ein Spitzchen,
Daß er sich nachts nicht fürchten tut.
Das Lottchen kriegt 'nen Federhut
Auf seinen Lockenkopf,
Dazu 'nen ellenlangen Zopf
Und Truhn voll Siebensachen.
Das bringt die Zeit den Kindern all,
Da haben sie zu lachen.

Was bringt die Zeit den Kindern all?
Der Kaspar kriegt ein Horn mit Schall,
Samt Postillon und Wagen.
Der Gustav kriegt ein Kegelspiel,
Dazu ein Schiff und Segel viel,
Das Bärbelchen ein Lesebuch,
Ein wunderhübsches Spitzentuch
Und ein brokaten Band.

Der Ferdnand kriegt zwölf Morgen Land,
Drauf kann er Hasen jagen.
Das Röschen kriegt ein rot Gewand
Aus Samt, das darf sie sonntags tragen.

Der Schambs darf ins Schlaraffenland,
Und kriegt 'nen zweiten Magen;
Den braucht er dort auf jeden Fall.

Was bringt die Zeit den Kindern all?
Es ist ja nicht zu sagen!
Ein Fellchen fürs Babettchen,
Ein Schnällchen fürs Lisettchen,
Ein Bällchen für den Hannibal
Und ein seidnes Bettchen.
Und jeder kriegt 'nen schönen Schatz,
Der hat in seinem Herzen Platz.
Lirum, lautrum, leisrum,
Dreht euch all im Kreis rum!

III

Kinnekinnekogel,
Kleiner Bub im Bett,
Wenn der Ochs auch Flügel hätt,
Wär er doch kein Vogel.
Nein, er wär ein Flederochs,
Kinnekinnekogel,
Und ansonst wie jeder Ochs,
Und wär doch kein Vogel, oh,
Und wär doch kein Vogel.

WAS FRAG ICH wie! Ich spür verzückt
Und bau drauf, daß sich jeder Stern
Am lieben Himmel herzlich gern
So rückt, daß das Gewünschte glückt.

*

DU HAST DEN STERN nicht gesehen, der über mein Herz herkam,
Den ich nun anschaun muß, tagelang, nachtlang, alle Augenblick lang
    und bitten muß zu bleiben,
Und weißt nicht, wo er mich hinführt, denn er geht seine Bahn, und
    ich folge.

*

DAS MEER hatte nachts landein einen mächtigen Nebel gedrängt,
Zimmer und allen Schlaf mit Schwere beschlagend.
Morgens sah ich durchs Fenster, das überbetaut war, wie durch einen
    Glasperlenvorhang
Hinaus aufs betrübte Bild und dachte: Nun kommt der Herbst!

*

ABER WENN DU im Abend wohnst
Und deinem Herzen Märchen erzählst,
Sehnst du dich aus der Schwebe, sehnst du dich sehr
Nach der süßen Schwere des Lebens.

*

WÄHREND DER WIND die liebe Stimme des Schilfs
Weiterflüstert ins Dunkle,
Gießt der Wehende Öl
Auf die Lampe des ewigen Lichts.

DARAN HAST DU NICHT den Mut verloren,
Daß durch das Tor die Gaukler gellend gehn,
Und die wahrhaft Reichen halberfroren,
Ärmer noch als Bettler draußen stehn.

*

FERNSTES FERN, im Kühlsten kühl,
Glanzgeküßter Eilandsfrieden,
Wunderbar ist's mir beschieden:
Wenig Wissen, viel Gefühl.

*

ICH HALT ES GUT, daß du dich trennst
Und du die Qual des Sonderns kennst,
Und gut, daß dich die Bindung freut,
So daß dich drauf die Fessel reut,

Und blind sein mußt, wo jeder blickt,
Und lachen, wo sich Trösten schickt,
Und still stehn kannst, wo alles rollt,
Und taumeln mußt, wo keiner tollt.

WIDMUNG

Für Alice

Chinas Dichter, hört ich, malen
Mit gewandtem Pinselstift
Still in Farben, Strich und Strahlen
Verse fein auf Seidentücher,
Kleine Liebesliederbücher,
In verzückter Bilderschrift.
Sind auch, was Gehalt betrifft,
Meistens jener Himmelssöhne
Zauberzeichen mannigdeutig,
Von Gelehrten zu entziffern,
Stets weiß die beschenkte Schöne,
Mandeläugig, schimmerhäutig,
Das Genehme zu entziffern,
Also daß ihr Aug genießt,
Was sie mit dem Herzen liest.

Liebste, dem mich anzugleichen,
Nicht im Äußern, doch im Sinn,
Gab ich treulich mich der weichen
Wendigkeit der Sprache hin.
Tusch und Tinte übend leidig
Kräuselt ich manch reiches Reimnis,
Sätze wob ich, fein und seidig,
Letzte Härten schleifend schmeidig
Häuselt ich ins Eingeheimnis.
Daß die Tönung mir nicht darbe,
Gab ich dem Vokal die Farbe
Und dem Fluß und der Kadenz
Konsonantisches Geglänz. –

Fändest du, mir sei's geglückt,
Wär' ich mehr als du entzückt.

Doch denk nicht, ermüdend mühig –
Nicht in Willkür zu verwildern,
Nicht zu schildern, doch zu bildern,
Hätt', in Maßen abgezirkt,
Worte ich zu Vers gewirkt.
Nein, ich lachte jeder Norm,
Alles für den Glüher glühig,
Innen Ausdruck, außen Form.
Handwerk her und Handwerk hin,
Recht ist's, daß man richtig mache,
Grundsatz bleibt bei jeder Sache:
»Was steckt drunter, was liegt drin?«
Denn ein Ding, von innen recht,
Schafft sein Außen niemals schlecht.

Das letzte Buch Hans Schiebelhuths, das zu seinen Lebzeiten erschien, war die »Schalmei vom Schelmenried«, die 1933 in einer schönen Ausgabe mit Illustrationen Alfred Kubins im Darmstädter Verlag herauskam. Das »Lyrische Vermächtnis« aber, das wir in diesem Buche vorlegen und das in strenger Auswahl alle wesentlichen Gedichte seines Nachlasses umfaßt, stammt nicht etwa aus der Zeit nach 1933, aus jenen zehn Jahren, die der Dichter noch zu leben hatte. Es stammt vielmehr aus den zwanziger Jahren, die zu den schöpferischsten des Dichters gehören. Außer dem Komplex der drei großen Gedichte der »Schalmei vom Schelmenried« scheint Hans Schiebelhuth nach 1930 nichts mehr an Gedichten geschrieben zu haben. Er hat nur noch Übersetzungen geschaffen: die veröffentlichten und berühmten der Romane und Novellen von Thomas Wolfe und die größtenteils unveröffentlichten und fast unbekannten von Gedichten chinesischer und amerikanischer Dichter.

Als der Dichter am 14. 1. 1944 in Amerika starb, wußten auch die nächsten Freunde nicht, ob sich in seinem Nachlaß etwas an Gedichten finden würde. Die völlige Unterbrechung des Postverkehrs nach Amerika durch den Krieg hatte zuletzt alle Informationen unmöglich gemacht. Von einigen Gedichten wußte man, an denen Hans Schiebelhuth gearbeitet hatte, solange er in Deutschland weilte, und die er vor einigen Nahestehenden gern vortrug. Nun aber geschah es, daß aus Amerika ein ganzes Paket von Gedichtmanuskripten zurückkam, jedoch nicht neue, in Amerika entstandene Stücke, sondern eben alte aus der deutschen und italienischen Zeit der Jahre 1918–1930. Es sind Gedichte darunter aus der Schaffensperiode des »Wegstern« [1921], die er aus irgendeinem heute nicht mehr feststellbaren Grunde in diese Sammlung nicht aufgenommen hat, obwohl sie an Schönheit und Rundung den veröffentlichten nicht nachstehen. Es sind sogar einige frühere darunter, und schließlich eine Reihe von späteren, die eine Entwicklung zu neuen und geklärten Formvorstellungen zeigen. So kann man sagen, daß dieses »Lyrische Vermächtnis« die gesamte Skala der dichterischen Möglichkeiten Schiebelhuths umfaßt.

Hans Schiebelhuth hatte niemals den Ruhm des Publikums, aber stets den Ruhm der Kenner für sich. Er war kein auffallender, kein sensationeller Dichter, obwohl er ein kühner Dichter war. Er hat die Ausdrucksmöglichkeiten seiner Zeit in einer höchst persönlichen und keineswegs imitatorischen Weise ausgeschöpft: die des Expressionismus in seinem »Wegstern« [1921] und die des Dadaismus in seinem »Hakenkreuzzug« [1920]. Von dem »Wegstern« darf man wohl sagen, daß er eines der schönsten und reifsten Gedichtbücher der Periode des Expressionismus ist. Aber in den Literaturgeschichten wird er überhaupt nicht aufgeführt. Die Anthologien des Expressionismus, die von damals und die von heute, bringen keine Probe daraus und erwähnen weder den Buchtitel noch den Namen des Dichters. Es ist schwer, für diese Verkennung eine stichhaltige Begründung beizubringen.

Hans Schiebelhuth war die schwere Schicksalsaufgabe zuteil geworden, der Tradition und der Erneuerung zugleich zu dienen, d. h. einige ästhetische Grundprinzipien der Tradition mit den neuen Ausdrucksformen der zwanziger Jahre zu einem Zusammenklang zu bringen. Was ihn mit dem Expressionismus verband, war die angeborene Spannung seiner Vitalität. Eine ähnliche Vitalität finden wir vielleicht noch bei dem Däubler der früheren Jahre, aber dort wird sie romanisch entstofflicht und in formalen Übertreibungen verflüchtigt. Oder wir finden sie noch bei dem frühen Johannes R. Becher, wo sie jedoch im Tumultuarischen, Chaotischen sich vertobt und fast nie zu einer beharrenden Form kommt. Die Vitalität Schiebelhuths ist eine der Bewegung und der Beharrung zugleich. Sie bedarf nicht ewig der Bewegung, um sich selbst bemerkbar zu werden. Sie ist so von Leben erfüllt, daß sie sich auch in der Ruhe völlig existent fühlt. Dabei ist Schiebelhuths Weltbild naturgeboren einfach und ganz unreflektiert. Auf der Erde wirkt für ihn eine große Kraft. Sie ist das, was Gott ist, und sie ist das, was Welt ist: manchmal seraphisch, gütig, unschuldig, manchmal gewalttätig, bös, widersinnig. So kommt es auch, daß – eine Beeinflussung durch seinen Freund Karl Wolfskehl wirkt hier mit – Gestalt und Geist Odins durch sein Werk gehen, des unberechenbarsten, unbegreiflichsten aller Götter und doch wieder des begreiflichsten: er ist mehr Dämon als Gott. Sein Reich ist von dieser Welt. Er ist die Urgewalt irdischen Daseins.

Hans Schiebelhuth ist ein großer Liebender, manchmal grenzenlos in seiner Leidenschaft, ein Don Juan der ganzen Welt, dann ist er wieder nur ein franziskanisches Herz, vor dem alle Dinge dieser Welt der Liebe würdig sind. Aber trotz der hohen Zahl der Liebesgedichte in seinem lyrischen Werk ist er kein Minnesänger wie etwa Max Dauthendey, für den die Welt nur deshalb so ewig neu und unausschöpfbar ist, weil die Frau in ihr ist. Für Schiebelhuth ist immer mehr in der Welt, nämlich jene große irdisch-göttliche Kraft, von der die Frau nur eine Teil-Inkarnation ist.

Schiebelhuths Gedichtgestaltung beruht auf dem Bild. Das Bild ist das künstlerische Urelement, aus dem er seine Gedichte zellenhaft aufbaut, und deshalb sind gerade seine großen Gedichte häufig Ketten von Bildern, deren dichterisches Geheimnis nicht in einer geistigen Konzentration besteht, sondern in einer unendlichen Entfaltung bildlicher Assoziationen. Schiebelhuth war kein Mensch der Idee. Die Schwierigkeit seiner Arbeit bestand nicht darin, das Geistige mit dem Sinnlich-Dichterischen zu verschmelzen, sondern das innere oder äußere Gesicht, das Bild, ins Wort zu bringen. Schiebelhuth war auch kein Dichter des inspirativen Einfalls. Er war ein Arbeiter am Wort, mit einem unendlichen Kunstverstand, aber auch mit einem nie endenden Anspruch an das von ihm zu Leistende und einem nie ermüdenden Willen zur genauesten Annäherung an die ihm vorschwebende Bild- und Klangvorstellung. So kann es vorkommen, daß von einem Gedicht vier oder fünf Niederschriften vorliegen, mit verschiedenem Schluß oder Teil-Varianten des Textes, dazu vielen Durchstreichungen und Veränderungen, und das alles in einem Schriftbild, als sei es in höchster Eile zu Papier gebracht. »Zettelwirtschaft« nannte er es selbst. Es gab Päcke von solchen Zetteln. Manche Gedichte liefen jahrelang immer wieder durch seine Aufmerksamkeit. Wenn man ihn nach einer Pause von Monaten besuchte, las er einem neben einem oder zwei neuen Gedichten immer wieder dieselben alten vor, deren Text er in der Zwischenzeit etwas weitergetrieben oder in manchen Passagen verändert hatte. Und dann verschwanden sie in einer Mappe oder Schublade. Die Publikation interessierte ihn nicht. Ja, sie erschreckte ihn sogar, denn er hätte dem Manuskript eine endgültige Form geben müssen. Aber er war nicht fürs »Fertigmachen«. Er spielte mit den Gedichten, jedoch auf eine höchst seltsame Weise, die alle Kräfte Geistes und Leibes in Anspruch nahm. Deshalb hatte er auch keinen bürgerlichen Beruf. Er war auf der Welt, um Gedichte zu machen. Aber die Gedichte schlugen nicht über ihm zusammen. Er ging nicht in ihnen unter. Immer stand er über ihnen. Immer konnte er sie aufnehmen oder fallen lassen, wie er es gerade wollte. Er war ein Zauberer, der seinen Gebilden befahl. Der größte Zauber und das größte Gedicht war immer er selbst. Er war bis unter die Haut voll Poesie. Die Gedichte waren nur Ausstrahlungen und Abfälle davon. Sie waren niemals seine eigene Vollendung. Er vollendete sich nicht im Gedicht, sondern in seiner eigenen Wirklichkeit. Diese psychische Grundeinstellung Schiebelhuths gibt seinen Gedichten eine ganz besondere innere und äußere Beschaffenheit. In Deutschland ist diese Form dichterischer Produktion sehr selten: daß nämlich ein Dichter *nicht* versucht, sein Werk über sich hinauszuheben und größer zu machen als sich selbst. Der deutsche Dichter neigt zu der Einstellung, daß in das dichterische Wort außer seinen persönlichen auch noch überpersönliche Kräfte einströmen. Damit hängt alles das zusammen, was der deutschen Dichtung als Weltanschauung, Mystik, Naturgeheimnis, als Weisheit in einem weitesten Sinne eignet. Der Dichter sucht dabei seine Dichtung in Verbindung zu setzen mit einer geistigen Welt, die als Absolutum über ihm selbst und seiner privaten Sphäre schwebt.

Bei Schiebelhuth ist dies nicht der Fall. Jedes seiner Gedichte ist nur eine teilhafte Abformung seiner selbst, von ihm mit artistischer Mühe und Liebe modelliert, aber niemals das Gesamt seines Wesens und seiner Möglichkeiten gebend. Seine Möglichkeiten waren immer größer als seine Realisationen, obwohl manche seiner Gedichte von einer Vollkommenheit sind, daß sie die Grenze der lyrischen Realisation zu erreichen scheinen. Mit diesem Fakultativen seiner Kunstübung hängt es auch zusammen, daß Schiebelhuth gar kein Bedürfnis spürte, sein Werk als einen geschlossenen Komplex der zeitgenössischen Literatur einzufügen. Von dort her ist es auch zu verstehen, daß er seine Gedichte jahrelang liegen ließ, ohne an eine Veröffentlichung zu denken, und daß er sie schließlich ganz vergessen zu haben schien. Er war, im Gegensatz zu vielen anderen Autoren, seinem Werk gegenüber völlig sorglos und unängstlich. Er schenkte seine beschriebenen Blätter sozusagen an den Wind, den Zufall und die Wahrscheinlichkeit. Was er nicht kannte, war die Notwendigkeit, besonders diejenige, die man gerne mit einem metaphysischen Akzent versieht. Er lebte in einer Welt der schöpferischen Freiheit. Man glaube aber nicht, daß dies eine Welt der reinen Heiterkeit sei, der dünnen, leicht atembaren Luft und ohne Gewölk.

Schiebelhuth heftet sein Gedicht nie an ein Absolutum, auch dort nicht, wo er von Gott spricht. Es bleibt immer eine persönliche Aussage, mit allen Relativitäten einer solchen Aussage. Irgendein Teil oder ein Komplex seines Innern zeigt eine Bereitschaft zur Aussage, eine Aktivierung zum Gedicht, sein immer helles Bewußtsein nimmt diesen Appell auf, und nun beginnt die eigentliche künstlerische Arbeit: die Findung des zugehörigen Worts, das zarte Gehämmer an den goldenen Gliedern, das Abstimmen der Rhythmik, der vollen und schwachen Töne, die Kontrolle der Lichter und der Dunkelheiten, das Ersetzen eines Smaragds durch einen Saphir ... es beginnt eben das Glück und die Verzweiflung des künstlerischen Arbeiters an seiner Arbeit.

Dichter, deren Werk von einer Weltanschauung grundiert ist, sind leichter zu deuten als Dichter wie Hans Schiebelhuth. Er ist ein Dichter der Aporie. Gewiß, er hat ein unendliches Vertrauen, aber auch eine ebenso große Verzweiflung vor der Welt. Sein Vertrauen stammt nur aus der abgründigen Güte seines eigenen Wesens, seine Verzweiflung stammt aus den Antworten, die ihm die Welt darauf gibt. Gemeint ist hier nur die Welt als kosmischer Vorgang, nicht als menschlicher Vorgang. Mit den Menschen hatte Schiebelhuth niemals Schwierigkeiten. Er besiegte sie alle, Männer und Frauen, durch seinen Zauber. Aber die Welt zu besiegen, dazu reichte auch sein Zauber nicht aus, weil sie die einzige Macht bleibt, die unbesiegbar ist. Vor ihr hatte er dann das Glück seines Gedichts, vor der barbarischen kosmischen Welt die entschwerte, schwebende, kostbare Wort-Welt. In ihr herrschte das Menschliche, wenn es auch immer wieder als Verzweiflung auftrat, bis in die letzten Wort-Winkel.

Alles dies war zu sagen nötig, nicht einfach als ein Exkurs in die Psychologie der Ästhetik, sondern als Voraussetzung für das Verständnis der eklatantesten Eigenart dieser Gedichte: ihres fast körperlosen Schwebens im Wort-Raum. Es ist nicht so, daß der Dichter sich mit dem ganzen Gewicht seines Lebens in diese Gedichte hineinbegibt und sogar dieses Gewicht noch mit überpersönlichen Gehalten anreichert.

Es ist vielmehr so, daß er die Gedichte aus sich aushaucht, als ein Pneuma, das dann, eine zarte Wort-Wolke, zwischen Himmel und Erde schwebt. Die Rückverbindungen dieser Gedichte zur Erde und zur Person des Dichters sind sehr ätherischer Natur. Gewiß steht über diese Rückverbindungen manches Offensichtliche im Text, aber der Text selbst erhärtet dieses Menschlich-Problematische nicht, sondern entschwert, verklärt und verflüchtigt es. Diese Tendenz nahm in der dichterischen Entwicklung von Hans Schiebelhuth stets zu. In früheren Jahren konnte er etwa noch sagen:

> Leisleis deckt Schnee die Länder. Kälte knallt,
> Und die Hungerfinger der armen Stauden zittern vor Frost.
> Eisbärtig, ein griesgrämiger Bettler, trauert die Pumpe im Hof.
> Seit Wochen sah ich den Zaun nicht, so sehr bin ich umschneit.

(Ödschwaige im Winter)

Später heißt es dann:

> Im Traumschein verklärtester Abende rührt
> Nun nicht mehr, wenn ich den Flurzug tu, die Landschaft mit Reizen
>   mich an,
> Aber das Wesen der Bäume schwingt mit mir
> Und ich weiß den Geist der Äcker geheim
> Und die Berge beschweigen mich ernster.

(Im Traumschein)

Unter den Gedichten dieses Bandes steht eines mit dem Titel »Idealistische Empfindung«. Man könnte sagen, daß die Gedichte Schiebelhuths mehr und mehr auf eine solche idealistische Empfindung zuwandern oder auch, wenn man es etwas anders ausdrücken will, auf eine ideale Landschaft, wobei man durchaus an die Landschaften von Poussin und Claude Lorrain denken darf. Doch muß man sich immer vergegenwärtigen, daß die idealen Landschaften der späten Gedichte Schiebelhuths auf einem ganz anderen, auf einem sehr schwanken existentiellen Untergrund ruhen. »Wir sind nicht des Ufers« heißt es einmal bei ihm, und das soll besagen: wir sind nicht dem fest begründeten Teile der Welt zugeordnet. Zu der Klassik, sowohl der Dichtung wie der Malerei, hat Schiebelhuth keine Beziehung. Zu dem historischen Vollzug des Geistes in der Vergangenheit überhaupt hat er keine Beziehung. Er lebt nicht eigentlich in der Zeit, sondern im Raume, und zwar in einem Raume der Unbestimmbarkeit, wie ihn chinesische Bilder aufweisen, weshalb Schiebelhuth auch ein so ausgezeichneter Übersetzer chinesischer Gedichte geworden ist. Dies Genaue und Ungenaue, dies Konkrete und Verklärte, in der Präsentation einer ganz besonderen Durchdringung und Trennung, gehört zu dem Zauber der Gedichte Schiebelhuths.

Wilhelm Lehmann hat, von einem etwas anderen Gesichtspunkte aus, sich in einem Briefe folgendermaßen darüber geäußert: »Der Leser liest von verschiedenen Positionen aus: Ist er in der Stimmung, daß Dichtung ins Enge bringe, mag er oft verstimmt sein. Er sagt sich dann: Diese Dichtung ist aus Luft gebaut. So sei sie's. Sie ist so luftig, daß dann ›ein ganzer seliger Frühling des Glücks‹ oder ›segentriefend‹ oder ›Und das Heil und die Heiligkeit‹ oder ›Urminne‹ oder ›am eignen sternbestimmten Los‹ oder ›Kundenwid‹ oder ›ein blaues Geschnell‹ oder ›alle Begrenzungen tilgende Liebe‹ usw. von ihm (im Interesse des Ganzen) willig hingenommen werden. – Nimmt der Leser dann solche Luftigkeit in wörtlichem und übertragenem Sinne hin, wird er auch wieder mit jener ›Enge‹ belohnt, die er vermißte. Andacht, die ›in Anspruch nimmt‹ will bestechen. Ich meine aber nicht so sehr etwa ›Das Licht‹ oder ›Wir sind so wenig auf der Welt‹, die beide nicht recht halten, auch nicht das ›Mailied‹, dessen dritte Strophe Däubler geschrieben hat, als vielmehr z. B. ›Mein kleiner Garten‹, der, wenn auch ebenfalls über Däubler, mit der letzten kleinen Zeile eigentümlich wird, und dann die ›Widmung‹, jedenfalls an der Stelle:

> Letzte Härten schleifend schmeidig
> *Häuselt* ich ins Eingeheimnis.

Hier wird das, was bei Rudolf Borchardt (als Umschlagen des Eindrucks in den Ausdruck) zur Untugend wird, reine Tugend und hilft sehr gegen jene mindernde ›Luftigkeit‹. Völlige Lyrik kommt auf solche Weise der Doppelung mit dem reizenden ›Fiederfuß und Muntermund‹ zustande.« – Soweit die Äußerungen Wilhelm Lehmanns mit ihrer Unterscheidung einer »engen« und einer »luftigen« Fügung der Gedichte Schiebelhuths.

Wilhelm Lehmann wies auf die Beziehung zu Theodor Däubler hin. Ein Einfluß von dorther ist mit Leichtigkeit festzustellen. Schiebelhuth hat Däubler auch persönlich gekannt. Überblickt man aber Schiebelhuths Gesamtwerk, so wird deutlich, daß dieser Einfluß nicht beherrschend ist, sondern nur eine gewisse Methode der dichterischen Wortbehandlung betrifft. Schiebelhuth lernte von Däubler die Wort-Assoziation nach Lauten, in erster Linie nach Vokalen. Wenn sich dafür auch eine Menge Beispiele finden lassen, so ist dies doch nichts, was in den Kern zielt. Schiebelhuth hatte eine intensive Fühlung zum einzelnen Wort und seiner Stellung in der Zeile. Jedes Wort war ihm ein lebendiger Körper von abgründiger Aussagekraft. Darum war er auch ein so aufmerksamer Leser von großen deutschen Wörterbüchern. Ihn bewegte der Wortstamm mit seinen Geheimnissen, das Hinab-reichen durch frühere Vorformen bis in unergründliche Zeitschichten. Die Beziehung zur Wortwurzel war bei Schiebelhuth immer viel tiefer und beherrschender als die Beziehung zum Wortklang. Er versucht das Geheimnis einer Wortwurzel fühlbar zu machen durch das über-raschende Abtrennen von Vorsilben, durch die Neubildung von Sub-stantiven aus Verben und umgekehrt, durch ungewohnte Wortzusam-mensetzungen usw. Dabei wird er nur selten einmal preziös. Dazu fehlt ihm der Ernst des literarischen Sektierers. Vielmehr zeigt er häufig seine Kunst mit dem Lächeln eines Zauberers, das dem Unwahr-scheinlichen seines Könnens alles übertriebene Gewichtige nimmt.

Da wir eben von Theodor Däubler sprachen, sei darauf hingewie-sen, daß Schiebelhuth, trotz seiner lebenslangen Freundschaft mit Karl Wolfskehl, unbeeinflußt von Stefan George blieb. Dagegen zei-gen sich bei ihm in der Epoche des »Wegsterns« Elemente Wolfskehl-scher Weltsicht und Formgebung: ein Urwelthaftes, von dem Geister-hauche Odins durchweht, und sich darstellend in einer Versgestalt, welche die Rhythmik der Edda in sich aufgenommen hat. Wenn man aber schon davon spricht, welche Einflüsse bei Schiebelhuth wirksam waren, so muß man natürlich Hölderlin nennen. Es gibt keinen Dich-ter, den Schiebelhuth mehr geliebt hätte. Ganze Hymnen Hölderlins wußte er auswendig, und immer wieder sagte er sie auf, und er sprach sie herrlich. Durch seine subtile Kenntnis aller Künste des Worts und des Verses erfaßte er das Gedicht als das, was es vom Dichter her sein sollte. Hölderlin half ihm aus der Reimstrophe hinaus in die freie Form des Gedichts und außerdem aus der »engen« Fügung in die »weite«. Aber auch hier war es, wie bei Däubler, keine Nachahmung, sondern es war eine Einverwandlung und Umwandlung von Sage-möglichkeiten in seinen eigenen Sprachgang. Wie er sich niemals in den Vokal-Symphonien Däublers verlor, so erschienen auch niemals die Götter Hölderlins in seinem Gedicht. Schiebelhuth hatte keine Auseinandersetzung mit der Antike und dem Christentum. Er war ganz Gegenwart mit einer naiven Sicherheit und Ausschließlichkeit. Hölderlin verhalf ihm zu jener »Luftigkeit« und ätherischen Durchsichtigkeit des Gedichts, die es bei Hölderlin selbst nicht gab. Das gehört zu jenem Begriff der schöpferischen Tradition, der – es ist schon tausendmal gesagt worden – den Deutschen in so tragischer Weise mangelt. Es ist zu Beginn dieser Ausführungen schon einmal ausgesprochen worden, daß Schiebelhuth ein Dichter der Tradition und der Kühnheit zugleich sei. Er griff die kühnsten Funde seiner Zeit (wozu auch Hölderlin gehört) auf und führte sie weiter, wobei es ihm aber immer gelang, sie wieder »in Form« zu bringen. Die ästhetische Kategorie der künstlerischen Einheit war ihm unverletzlich. Er war ein Dichter der Aporie, jedoch nicht der Auflösung des Zusammenhangs. Seine Kühnheiten zielen auf das Wort und nicht auf die Syntax. Er hat niemals die Syntax angetastet, auch in seinen dadaistischen Gedichten nicht. Die Syntax ist ihm die Sicherung des Humanen.

Zum Schluß seien noch einige Daten seines Lebens genannt (eine eingehendere Darstellung findet sich im Nachwort zu seiner Übersetzung von Corneilles »Lügner«, die in dieser Veröffentlichungsreihe der Deutschen Akademie für Sprache und Dichtung als erster Band erschienen ist): Hans Schiebelhuth wurde am 11. 10. 1895 in Darmstadt geboren und starb am 14. 1. 1944 in Easthampton auf Long Island bei New York. Wichtige Stationen seines Lebens waren München, Hannover, Berlin, Florenz, die Insel Pantelleria im Mittelmeer, Kalifornien, New York und Easthampton auf Long Island. Seine entscheidenden Publikationen sind die Gedichtbände »Wegstern« [1921] und »Schalmei vom Schelmenried« [1933]. Nach dem Tode des Dichters erschienen sie, zusammen mit dem »Kleinen Kalender« [1919], in einer einbändigen Neuausgabe »In memoriam Hans Schiebelhuth« [1949].

Fritz Usinger

VERÖFFENTLICHUNGEN DER DEUTSCHEN AKADEMIE FÜR
SPRACHE UND DICHTUNG · DARMSTADT

1 Pierre Corneille, Der Lügner. Komödie. In deutsche Verse übertragen von
Hans Schiebelhuth. Mit einem Nachwort von Fritz Usinger. – 1954.
76 Seiten. DM 3.75.

2 Florens Christian Rang, Shakespeare der Christ. Eine Deutung der Sonette.
Herausgegeben und mit einem Nachwort versehen von Bernhard Rang. –
1954. 208 Seiten. DM 9.75.

3 Franz Baermann Steiner, Unruhe ohne Uhr. Ausgewählte Gedichte aus
dem Nachlaß. Mit einem Nachwort von H. G. Adler. – 1954. 116 Seiten.
DM 5.25.

4 Wiederfinden. Deutsche Poesie und Prosa. Eine Auswahl von Werner Kraft.
– 1954. 136 Seiten. DM 6.50.

5 Oskar Loerke, Tagebücher 1903–1939. Herausgegeben von Hermann Kasack. – 1955. 380 Seiten. DM 17.50, in Halbpergament DM 25.—. Zweite
Auflage 1956.

6 Gertrud Kolmar, Das lyrische Werk. Mit einem Nachwort von Jacob
Picard. – 1955. 352 Seiten. DM 16.50.

7 Jesse Thoor, Die Sonette und Lieder. Herausgegeben von Alfred Marnau. –
1956. 152 Seiten. DM 8.50.

VERLAG LAMBERT SCHNEIDER · HEIDELBERG/DARMSTADT

VERÖFFENTLICHUNGEN DER DEUTSCHEN AKADEMIE FÜR
SPRACHE UND DICHTUNG · DARMSTADT

8 Alfons Paquet, Gedichte. Herausgegeben von Alexander von Bernus. –
1956. 91 Seiten. DM 5.20.

9 Alfred Mohrhenn, Lebendige Dichtung. Betrachtungen zur Literatur.
Mit einem Nachwort von Hermann Kasack. – 1956. 120 Seiten. DM 6.80.

10 Werner Milch, Kleine Schriften zur Literatur- und Geistesgeschichte.
Herausgegeben von Gerhard Burkhardt. Mit einem Nachwort von Max
Rychner. – 1957. 280 Seiten. DM 15.—.

11 Alma Heismann, Sonette einer Liebenden. Mit einem Geleitwort von
Wilhelm Lehmann. – 1957. 76 Seiten. DM 4.25.

12 Hans Schiebelhuth, Lyrisches Vermächtnis. Mit einem Nachwort von
Fritz Usinger. – 1957. 100 Seiten. DM 5.60.

Deutsche Akademie für Sprache und Dichtung in Darmstadt,

Jahrbuch 1953/1954. – 1954. 168 S. DM 7.80.
Jahrbuch 1954. – 1955. 164 Seiten. DM 7.80.
Jahrbuch 1955. – 1956. 164 Seiten. DM 7.80.
Jahrbuch 1956. – 1957. 176 Seiten. DM 8.50.

VERLAG LAMBERT SCHNEIDER · HEIDELBERG/DARMSTADT